金沢検定
予想問題集
2023

CONTENTS
目次

金沢検定
予想問題集
2023

第19回金沢検定実施要項 ………2

第18回金沢検定試験結果 ………4

本書を活用する前に ………5

予想問題

1. 最近の話題 ………10

2. 市政とまちづくり ………18

3. 歴史 ………26

4. 史跡・庭園・地理 ………58

5. 寺社・建造物 ………78

6. 食文化・ならわし ………94

7. 美術工芸 ………110

8. 芸道・芸能、スポーツ ………126

9. 文学・文芸 ………138

10. 金沢ことば ………156

11. 偉人・ゆかりの人物 ………164

金沢検定
第18回問題と解答

初級問題 ………182

初級解答 ………202

中級問題 ………204

中級解答 ………224

上級問題 ………226

上級解答 ………248

おすすめ参考図書 ………250

※本書では敬称を略させていただきました。
問題、解説などは2023年4月現在、一般に広く認識されている説、見解に基づいています。

金沢検定とは

金沢検定は、金沢に関する歴史やまちづくりと市政、文学、美術・工芸など、さまざまな分野から、「金沢通」の度合いを認定する検定試験です。金沢の魅力を国内外に発信し、歴史、伝統、文化に彩られた金沢という都市が持つブランド力をさらに高め、城下町金沢の持つ懐の深さを学び、ふるさとへの愛着と誇りを再認識する機会になることを願って行われています。

第19回金沢検定　実施要項

主催：一般社団法人金沢経済同友会

実施日時

2023(令和5)年11月11日(土)
午前10時30分～正午(90分)

申込期間

2023(令和5)年6月1日(木)～ 10月19日(木)
※期間中に申し込みができなかった方のために、初級に限り、当日受付が行われる予定。

予定試験会場

北國新聞会館、石川県教育会館、ITビジネスプラザ武蔵、野村證券金沢支店、金沢商工会議所、アパ金沢ビル、TKP金沢新幹線口会議室（井門金沢ビル）、本多の森会議室、金沢電気ビル、金沢流通会館、石川県地場産業振興センター、金沢学院大学など

出題範囲

最近の話題、市政とまちづくり、歴史、自然・地理、庭園・建造物、寺社・街並み・地名、観光・食文化・ならわし・民話、美術・工芸、芸道・芸能、スポーツ、文学・文芸、金沢ことば、偉人・ゆかりの人物などの分野から各級、合計100問が出題されます。
四者択一・マークシート方式で、各級80点以上が合格となります。

出題程度・内容

初級 金沢の歴史、文化などに基本的な知識がある。

中級 金沢の歴史、文化などにある程度の知識がある。

上級 金沢の歴史、文化などに高度な知識がある。

検定料

初級 大人 1,000円、中学生以下 500円

中級 大人 1,500円、中学生以下 800円

上級 大人 2,000円、中学生以下 1,000円

※申込締め切り日までに検定料を納付しないと受験できません。
※上級試験を受験できるのは、過去の中級合格者に限ります。

問い合わせ先

(一社)金沢経済同友会内　金沢検定試験実行委員会

TEL：076（232）0352

FAX：076（232）1533

（午前9時～午後5時、土・日・祝日を除く）

URL：http://www.kanazawa-kentei.com

E-mail：info@kanazawa-kentei.com

合格者に交付されるバッジ

初級

中級

上級

第18回金沢検定　試験結果

第18回金沢検定は2022（令和4）年11月5日に実施され、下記の結果となりました。

	受験者（人）	合格者（人）	合格率	最高点	平均点
初級	1664	39	2.3%	93	43.1
中級	355	3	0.8%	84	46.4
上級	97	0	0.0%	73	49.2
合計	2116	42	—	—	—

	第1回合格率	第2回合格率	第3回合格率	第4回合格率	第5回合格率	第6回合格率	第7回合格率	第8回合格率	第9回合格率	第10回合格率	第11回合格率	第12回合格率	第13回合格率	第14回合格率	第15回合格率	第16回合格率	第17回合格率
初級	5.6%	13.9%	19.9%	9.3%	20.5%	5.7%	14.4%	5.2%	6.9%	14.1%	26.0%	12.1%	5.4%	2.5%	19.9%	9.2%	5.8%
中級	2.2%	18.8%	30.9%	30.7%	17.7%	4.9%	23.8%	5.1%	6.0%	18.7%	13.9%	4.9%	3.3%	0.8%	14.2%	2.2%	5.1%
上級	–	13.3%	4.3%	2.8%	0.5%	4.2%	17.1%	2.8%	6.7%	2.6%	0.0%	1.3%	12.4%	0.0%	19.3%	1.9%	9.3%

年代別

	初　級		中　級		上　級	
年　代	受験者（人）	合格者（人）	受験者（人）	合格者（人）	受験者（人）	合格者（人）
9歳以下	1	0	0	0	0	0
10~19歳	32	0	0	0	0	0
20~29歳	345	2	14	0	0	0
30~39歳	338	3	21	0	2	0
40~49歳	413	7	60	0	9	0
50~59歳	363	7	106	1	17	0
60~69歳	125	13	106	2	27	0
70~79歳	43	6	42	0	39	0
80~89歳	4	1	5	0	3	0
90歳以上	0	0	1	0	0	0
合　計	1664	39	355	3	97	0

本書を活用する前に

金沢検定は2005（平成17）年に第１回を実施し、昨年までに18回を数えます。

この間に、毎回、初・中級には各100問ずつ、中級合格者のみに受験資格がある上級には第２回から100問ずつ出題され、これまでに**初級は1800問、中級も1800問、そして上級は1700問、合わせて5300問が出されました。**もちろん、重複や類似問題はありますが、これは大変な数です。

「基本は過去問にあり」

これだけの「過去問」があるということは、少なくとも**初・中級は過去問の傾向を探り、合格への対策を立てることができます。**

上級はさらに深掘りした問題が続くでしょう。それにしても、「基本は過去問にあり」です。

本書では、第１回からの過去問を洗い直して、初級・中級では、これだけは知っておきたい問題、あるいは正答率が約40%から約70%の問題を中心に、よりすぐりました。11のジャンルから計340問を載せています。この問題集に挑んでみて「まったく歯がたたない」と感じた人は、まず各ジャンルの基礎知識をしっかり勉強するのが合格への近道です。

基礎知識を身に付け応用力を養う

予想問題には、少しですが、上級向けも交じっています。

いずれにせよ、各級合格の近道は本書で過去問の傾向を探り、「金沢検定受験参考書」で基礎知識を身に付けるとともに、応用力を養うことです。以下に、予想問題集と参考書を併用しての効果的な勉強法をおすすめします。

歴史など２ジャンルから出題の４割強

近年の過去問は①最近の話題や出来事、まちづくりと市政②歴史③史跡、庭園、地理、寺社、建造物④食文化、習わし、金沢ことば⑤芸能、美術工芸⑥文学、文芸⑦偉人、ゆかりの人物の各分野から一定割合で出されています。

第18回では、各分野で以下のような問題数の割り振りでした。

初　級	中　級	上　級
①　10問	①　15問	①　15問
②　25問	②　25問	②　25問
③　20問	③　15問	③　15問
④　15問	④　15問	④　15問
⑤　15問	⑤　15問	⑤　15問
⑥　7問	⑥　7問	⑥　7問
⑦　8問	⑦　8問	⑦　8問

以上により、初級のみ①と③の問題数に多い少ないがあるだけで、中級も上級も各ジャンルの出題数は同じです。②歴史③史跡、庭園、地理、寺社、建造物で40問から45問と100問のうち40 ～ 45％を占めています。したがってこの２分野は重点的に勉強するのが得策でしょう。

予想問題集もジャンル別になっています。出題形式は４択で本番と同じです。

予想問題集で大事なのは、答え欄の解説文です。知らないことがあったら、覚えてください。応用力の養成につながります。また、４択のうち、正解でない３つについても人名などは、参考書の索引を活用し、自分で調べ、知識を深めるとよいでしょう。

「最近の話題」は新聞切り抜きで

予想問題集筆頭の「最近の話題」は、2022（令和４）年４月から23（同５）年４月までの北國新聞記事を参考にしました。

最近の話題は北國新聞を切り抜いて勉強するとよいでしょう。朝刊の１面、社会面、金沢版などに扱われた地域の話題は要チェックです。今からでも遅くはありません。マイ切り抜き帖を作成し勉強してはいかがでしょうか。

受験参考書で☑の項目は必須

次に「よく分かる金沢検定受験参考書」をどう活用するかです。参考書の構成はⅠ.加賀藩主とその家族たち　Ⅱ.加賀藩政のポイント　Ⅲ.金沢城と兼六園　Ⅳ.成り立ち　原始～安土・桃山、近・現代　Ⅴ.自然・地理、庭園・建造物、社寺、街並み　Ⅵ.まちづくりと市政　Ⅶ.美術・工芸　Ⅷ.文学・文芸　Ⅸ.芸道・芸能、スポーツ　Ⅹ.偉人・ゆかりの人物　Ⅺ.食・年中行事、方言、民話となっています。

各章にはⅠなら「織田家臣団の武将利家」などと大見出しがあり、その中に☑マークの「前田利昌の４男／尾張国荒子で生まれる」などの中見出し付きの説明文があります。この内容は、初級・中級を受ける人には必須の基礎知識です。2022版から新たに索引を付けました。これを大いに活用すると知識が重層化します。

CHECK こぼれ話 も大切

さらに CHECK① や CHECK② 、たまに CHECK③ あるいは こぼれ話 といったコラムがありますが、これらも初・中級受験者、特に中級受験者にとってはポイントです。

また、一覧表がよく出てきます。これらも、くまなく覚えるとよいでしょう。

現地に足運び、現物を見る

知識を裏打ちするには現地に足を運び、現物を見るのが一番です。金沢検定の始めの頃、上級合格者に金沢市の観光ボランティアガイドの「まいどさん」が多かったのは、そのためだとも言われています。

例えば、金沢城や兼六園は予想問題集や受験参考書をあらかじめチェックしておき、それらを手に現地に足を運ぶとよいでしょう。知識に血が通い、新たな発見があるかも知れません。史跡なら、金沢城公園や兼六園、成巽閣、神社仏閣なら金沢五社や三寺院群、建造物なら三茶屋街や主なレンガ建築などです。文学だと、石川近代文学館や金沢文芸館、泉鏡花記念館、室生犀星記念館、徳田秋聲記念館などを訪ねてはいかがでしょうか。偉人・ゆかりの人物では金沢ふるさと偉人館で基礎知識は得ておきましょう。

予想問題集と参考書をセットで

上級受験者は、過去問を徹底的に分析し、覚える必要があります。予想問題集はここ３年分は北國新聞社出版局に在庫があります。全予想問題集は市内の県立図書館、市立図書館などにそろっています。ちなみに第17回の上級合格者の中に、全ての予想問題集を入手し、見たことのない問題をなくして見事、制覇した人がいました。

「金沢検定予想問題集」と「金沢検定受験参考書」に加えて、両書の末尾の参考図書は重要です。特に上級受験者は、北國新聞社の季刊文芸雑誌「北國文華」のバックナンバーもできる限り目を通して、知識の幅を広げましょう。

とにかく、コツコツ勉強するのが合格への近道です。がんばってください。

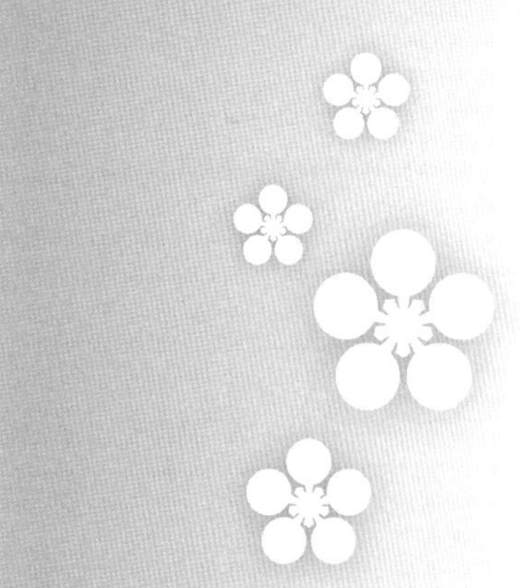

金沢検定
予想問題集
2023

金沢青年会議所（ＪＣ）は、米国のケネディ宇宙センターから国際宇宙ステーション（ＩＳＳ）に向けて発射されたロケットに、金沢の伝統工芸品（　　）を搭載した。

① 二俣（ふたまた）和紙　② 加賀繍（ぬい）ハンカチ

③ 金箔　④ 金沢漆器椀

県内のトップスポーツチームで構成する一般社団法人石川ユナイテッド（金沢市）は新たに（　　）のＴリーグに参入する「金沢ポート」の加盟を承認した。

① 卓球　② テニス

③ カヌー　④ ソフトボール

問3

金沢港に2023年３月10日、（　　）の客船「アマデア」（２万9008トン、全長192メートル）が入港した。19年９月の「ダイヤモンド・プリンセス」以来３年半ぶり。

① フランス　② イギリス

③ ドイツ　④ イタリア

金沢市出身の工芸家、11代大樋（おおひ）長左衛門氏が、2022年度日本芸術院賞・恩賜賞に輝いた。22年の第９回日展に出品した「モニュメント・（　　）」が受賞作となった。

① バレー　② クリフ

③ ロック　④ ストーン

答1

③ **金箔**

金沢ＪＣが創立70周年記念事業「かなざわスペースデリバリープロジェクト」として企画した。プロジェクトは、宇宙産業関連のＳｐａｃｅＢＤ（東京）の事業に参画し、ロケットをＩＳＳに打ち上げ後、箔一の金箔を使って宇宙空間での浮遊実験などを行う。地球に帰還後は、小中学生の学習にも活用する予定。

答2

① **卓球**

石川ユナイテッドには既に、ツエーゲン金沢（サッカー）、石川ミリオンスターズ（野球）、金沢武士団（サムライズ）（バスケットボール）、ＰＦＵブルーキャッツ（バレーボール）、北國銀行ハニービー（ハンドボール）、金沢学院クラブ（バドミントン）、ヴィンセンドール白山（フットサル）が加盟しており、計８団体となった。

答3

③ **ドイツ**

アマデアは、かつて国内外で活躍した初代「飛鳥（あすか）」を改装したラグジュアリー船。外国客船による国際クルーズはコロナ禍で停止していたが、2022年11月に業界団体が策定したコロナ対策指針を契機に、政府は受け入れ再開を認めた。20年６月に開業したクルーズターミナルでは初の受け入れとなった。

答4

② **クリフ**

受賞作「モニュメント・クリフ」は、以前に訪れた米コロラド州のメサヴェルデ峡谷に着想を得たという。断崖絶壁のくぼみに造られた住居跡から、800年以上も前に生きた先住民の声が聞こえてくるようで魂が震えたと回想。大樋氏は「自分の魂が震えた感動をある程度表現した作品が評価され感無量」と語った。

金沢の中心商店街で出店が相次いでいるスイスの高級腕時計ブランドの専門店でないのは(　　)である。

① ロレックス　　② チューダー

③ ロンジン　　④ ブライトリング

市埋蔵文化財センターは南新保町の南新保C遺跡で、弥生時代中期から古墳時代前期に、祭祀に使われた(　　)の骨３点を確認した。

① ウシ　② ウマ　③ サル　④ シカ

問7

金沢を舞台に、カレーを巡って繰り広げられる青春群像を描いた映画「スパイスより(　　)を込めて。」が完成し、６月に全国で公開される。

① 技　② 愛　③ 魂　④ 命

問8

金沢と米カリフォルニアにスタジオを構えるトンコハウスの長編アニメ「(　　)～神々山のおなり」がアニメ界のアカデミー賞と呼ばれる「第50回米アニー賞」２冠に輝いた。

① ＯＮＩ　② ＭＡＩ
③ ＡＮＩ　④ ＵＮＩ

答5

③ ロンジン

ロンジンの専門店はまだない。香林坊2丁目にロレックス、香林坊1丁目にはブライトリング、片町1丁目の広坂通りにチューダーが開店した。ロレックスなどスイスの高級腕時計には近年、人気が高まっており、個人の投資目的の商用購入も注目が集まっている。

答6

④ シカ

焼いたシカの骨のひび割れで吉凶を占うのに用いた「卜骨（ぼっこつ）」と呼ばれる遺物で、3点同時に出土したのは北陸で初めて。土地区画整理事業に伴う発掘調査の際に、幅10メートル程度の川跡で見つかった。卜骨が出土した地点からは、祭祀に使われた赤く彩色された細首壺や装飾器台も多数出土している。

答7

② 愛

話題作の出演で注目を集める若手俳優・中川翼さんが主演し、茅島みずきさんがヒロインで、金沢出身の田中美里さんは中川さんの母親役で出演する。金沢をはじめ、石川県内で全編ロケが行われ、日本映画批評家大賞国際活動賞を受けた「ＫＩＺＵＫＩ」(2008)などを手掛けた瀬木直貴監督がメガホンを取る。

答8

① ＯＮＩ

堤大介監督がメガホンを取った「ＯＮＩ」はノミネートされた6部門のうち、いずれもテレビ・配信作品を対象とした限定シリーズ作品賞と、優れた世界観やデザイン設定に贈られるプロダクションデザイン(作品美術)賞を手にした。堤監督はスタジオを東京から金沢の改造した町家に移して制作した。

藩政期の茶懐石を再現した「変わり茶事」が金沢城公園で開かれた。加賀藩の金工師後藤(　　)が、茶人大名小堀遠州の席に招かれた際に残した茶会記を基に、金沢21世紀工芸祭実行委員会が再現した。

① 程乗　② 祐乗　③ 覚乗　④ 宗乗

湯涌温泉観光協会は、玉泉湖畔の氷室小屋で行われる「氷室の仕込み」に合わせ、初めて地元産の(　　)と雪を一緒に詰めた。

① 米　② 餅　③ 酒　④ 饅頭(まんじゅう)

市内で放置された竹林の間伐材を使い農業用ハウス「竹ドーム」を製作しているＮＰＯ法人「みんなの畑の会」の会員らが市北東部の山あい小嶺町の休耕地で(　　)をハウス栽培する試みに乗り出した。

① パイナップル　② メロン

③ オレンジ　④ イチゴ

映画好きの20 ～ 80代の市民有志が、金沢21世紀美術館を拠点に活動する「(　　)シネマクラブ」を結成した。館内で上映会を開き、感想を語り合う場も設け、映画ファンの交流を美術館から広げる。

① 21美　② マルビー

③ 広坂　④ かなざわ

答9

③ **覚乗**

後藤家は足利将軍家、豊臣秀吉、徳川将軍家に仕えた日本の金工界の名門で、覚乗は加賀藩３代藩主前田利常に招かれて加賀の金工発展に貢献した。子孫が書いた「後藤家旧記」に、覚乗が小堀遠州の茶事に招かれた際の記述があることが分かり、金沢21世紀工芸祭実行委員会が再現することにした。

答10

① **米**

米を雪と一緒に詰めたのは、６月末の「氷室開き」まで湿度が高い冷暗所で熟成することで、米本来のうま味を引き出すため。2022年秋に収穫されたコシヒカリの玄米60キロをステンレス製ケースに入れ詰めた。今後、旅館の料理や土産品などで「氷室米」を味わってもらい、湯涌地区の特産化を目指す。

答11

② **メロン**

栽培に着手するのは、畑の会理事の北村敏春さんらスタッフで、竹を骨組みにして奥行き20メートルのビニールハウスを新たに考案した。「金沢シルクメロン」の名でブランド化を図り、山あいの豊かな水資源を生かして、夏の初収穫を目指す。栽培ノウハウは東京都町田市のブランドメロンを参考にする。

答12

③ **広坂**

クラブには部員約20人が参加、22年夏ごろから「みる・つくる・みせる」のテーマで、観賞した映画について語る会や、映画制作のワークショップなどの活動を進めてきた。コロナで新しい出会いの場が減る中、幅広い年齢層が気軽に映画を介し交流する場をつくろうと上映会を企画、運営することにした。

問13

市と友好交流都市協定を結ぶ東京都(　　)区で、2022年12月初旬から23年２月中旬にかけて学校給食に加賀野菜「五郎島金時（ごろうじまきんとき）」が供された。

① 板橋　② 文京　③ 杉並　④ 豊島

2023年６月２日から４日に開催する金沢百万石まつりの「百万石行列」で加賀藩祖前田利家公役を務めるのは歌舞伎俳優の(　　)さんに決まり、お松の方役の俳優紺野まひるさんとともに都内で会見した。

① 尾上松也　② 片岡市蔵

③ 中村勘九郎　④ 市川右團次

問15

金沢で2023年５月、北欧(　　)発祥の新スポーツ「モルック」の全国大会が開かれる。

① デンマーク　② フィンランド

③ スウェーデン　④ ノルウェー

2022(令和４)年２月に54歳で急逝した(　　)作家の西村賢太さんの遺品が、金沢市の石川近代文学館に寄贈された。

① 芥川賞　② 直木賞

③ 泉鏡花文学賞　④ 島清（しませ）恋愛文学賞

答13

② 文京

市によると、市内のブランド農産物が県外の学校給食に提供されるのは初めて。12月７日を皮切りに２月16日までの期間中、区内30小中学校の約１万３千人がこっぽこぼの食感のサツマイモをめった汁や芋ごはんとして味わった。金沢の食文化への関心を高め、加賀藩上屋敷や三文豪が縁の交流に役立てる。

答14

④ 市川右團次

両人とも、まつりに参加できる喜びをかみしめ、「情愛が熱いベストカップル賞的な夫婦を演じたい」と意気込みを示した。市川さんは利家公のイメージを「ただ、豪快なのではなく、とても理知的な印象」と述べ、紺野さんは「大変重い役を受けた。しっかり務めなければいけない」と語った。

答15

② フィンランド

モルックは木製の棒を投げて数字の記されたピンを倒し、先に50点に達したチームが勝利するスポーツ。金沢文化スポーツコミッションと県協会が、野外で幅広い世代が楽しめ健康づくりに役立つ競技を普及させるため、「ジャパンオープン」第１回大会を誘致した。５月27、28日に市営球技場で行われる。

答16

① 芥川賞

遺品は未公開の創作ノートや自筆原稿、愛用品のほか、私淑（ししゅく）していた七尾出身の作家、藤澤清造関係の資料など300点以上。遺品一式は西村さんの母親の意向を受け、北國新聞社が仲介する形で文学館に収まった。遺品には芥川賞受賞作の「苦役列車」や未完の「雨滴は続く」などの生原稿も90点あった。

４月に開校した田上本町４丁目の市立朝霧台小の校歌には、「(　　)って答えよう」など、他の校歌には見られない斬新な歌詞が含まれている。

① **地球人**　② **未来人**

③ **宇宙人**　④ **国際人**

市は今年度、文化芸術と(　　)のアクションプランを改定し、10年後を目標年次とする「新たな都市像」を策定する。

① **工芸**　② **芸能**　③ **教育**　④ **建築**

問3

市は３月から観光公式サイトで、金沢21世紀美術館やひがし茶屋街、近江町市場など計12カ所の混雑具合を予測し、地図上に表示する「かなざわ観光(　　)マップ」を公開している。

① **混雑度**　② **快適度**

③ **満足度**　④ **疎密度**

国、県、市が改築する場合は、移転を検討するよう求めた広坂合同庁舎に現在、入っていないのは(　　)である。

① **北陸農政局**　② **金沢国税局**

③ **金沢地方法務局**　④ **北陸総合通信局**

答1

③ 宇宙人

朝霧台小の校歌は、作曲家の青島広志さんが作詞作曲を手掛けた。「宇宙人って答えよう」は3番目に登場する。「なりたいものを聞かれたら宇宙人って答えよう」と続く。青島さんによると、「宇宙人」には地球だけでものを考える時代ではなく、広い視野をもつ子供に育ってほしいとの意味を込めたという。

答2

① 工芸

市は2020年３月に工芸、21年に文化芸術のプランを策定したが、村山卓市長が22年３月に就任したことから、文化戦略の基本となる計画を見直す。22年度までの文化芸術のプランは21年度から10年間、工芸のプランは20年度から10年間の行動計画であるが、世界に誇る文化都市づくりを目指し改定する。

答3

② 快適度

市は観光公式サイトで、スマートフォンの位置情報による人流データを解析し、天候ごとに混雑具合を５段階で示す、観光快適度マップを作成した。対象となるのは上記のほか兼六園、金沢駅、主計(かずえ)町茶屋街、にし茶屋街、長町、大野、金石、卯辰山、湯涌。約100日先までの混雑具合を予測する。

答4

③ 金沢地方法務局

老朽化が進む金沢広坂合同庁舎(広坂２丁目)について、国、県、市が移転を含め対応を協議する場を設ける方向となった。県と市が北陸財務局などに対し、庁舎を改築する場合は移転を検討するよう要望。財務局側は、まちづくりの観点からの、跡地利用計画と移転先の用地確保が必要になると指摘した。

市は新年度の組織改正で「地域力(　　)課」を新設した。外部からの新たな視点を生かし、地域の魅力や活力を高める

① 増強　② 創造　③ 養成　④ 再生

問6

加賀藩の火薬製造拠点だった国史跡「土清水（つっちょうず）煙硝蔵跡（えんしょうぐらあと）」(涌波町)について、市は火薬製造工程で使われた(　　)を復元する方針を固めた。

① 風車　② 水車

③ 調合台　④ 加工機

問7

市文化財保護審議会は、市有形文化財に中村記念美術館が所蔵する工芸品「(　　)花入（はないれ）」と書跡「春日懐紙草花他四首」を指定するよう答申した。

① 鉄製　② 木筒　③ 竹筒　④ 銅製

問8

市は金沢の歴史や自然と調和した木の(　　)都市の実現を目指し、推進計画を策定した。

① 文化　② 創成　③ 工芸　④ 未来

答5

④ 再生

昨年３月に就任した村山卓市長肝いりの取り組みで、民間、若者、移住者の意見を行政に反映させる。地域力再生課の新設に合わせて、県内の大学と連携し、まちづくりの課題解決に向けた実践型の授業も開設する。都市政策局内に設け、高等教育機関や地域おこし協力隊などとの一体的施策の推進体制を整える。

答6

② 水車

水車は火薬製造の工程で動力として使われた。辰巳用水から水を引いて水車を回し、越中五箇山から運んだ火薬の原料を粉末加工して黒色火薬を製造したのが土清水煙硝蔵。中心的な施設に搗蔵（つきぐら）があり、その中に木製水車が設置されて粉末加工した。2027年度の一般公開を目指し、用地の取得を進めている。

答7

③ 竹筒

竹筒花入は、加賀藩ゆかりの茶人大名小堀遠州から４代藩主光高に贈られたとされる。遠州と光高の親密な関係性を示し、茶道の歴史を伝える貴重な史料。春日懐紙草花他四首は1241（仁治２）年に「春日本万葉集」の筆者中臣祐定（なかとみのすけさだ）の次男祐有（すけあり）が揮毫（きごう）した和歌とされ、卓越した書風として指定された。

答8

① 文化

計画は2023年度から10年間とし、まちづくり方針をエリア分けし、香林坊や武蔵などの都心軸は「重点地域」、東山や寺町は「継承地域」、金石街道沿いなどは「創出地域」として、各々に合った木質空間を整備する。尾張町２丁目の旧菓子文化会館の跡地に木の文化都市を象徴する建物の建設を検討する。

問 9

市が中小企業の優れた新商品を認定する「金沢（　　）ブランド」の販路拡大に向け、市や認定企業でつくる同ブランド情報発信チームは製品の周知強化に乗り出した。

① きらめき　② かがやき
③ ときめき　④ 百万石

問 10

市が今年度から本格運行する、湖南や三谷など北部６地区の予約制乗り合いタクシー「デマンド交通」は、（　　）による配車システム活用が目玉である。

① ＡＲ　② ＩＲ　③ ＡＩ　④ ＩＣ

問 11

市は金沢出身で台湾の農業用水整備に貢献した（　　）技師に関する資料調査に乗り出す方針を固め、金沢ふるさと偉人館での展示を検討する。

① 磯田謙雄（のりお）　② 八田與一（よいち）
③ 藤本吉二　④ 木谷吉次郎

問 12

金沢エナジー（ＥＧＫ、金沢市）と北國新聞社は、次世代の工芸作家を育成する「ＥＧＫ工芸（　　）」を創設した。

① プライズ　② グローリー
③ リウォード　④ アワード

答9

② かがやき

これまで情報通信や食品、機械設備など156品目が認定されているものの、知名度不足が課題となっていた。このため、情報発信チームが協議し、「Made In Kanazawa を世界へ。」をキャッチコピーにした。また、30秒と15秒の動画も作成、「ものづくりの精神が今も息づく金沢」などの文言も盛り込んだ。

答10

③ ＡＩ

デマンド交通は湖南、薬師谷、三谷、花園、医王山、夕日寺に住む高齢者らの利便性を高めるため、森本地区の病院や東金沢駅、商業施設など約240の停留所からの希望時間や場所を予約し、他乗客と目的地まで乗り合わせる。予約状況に応じＡＩ（人工知能）が効率的な乗り合わせと運行ルートを割り出す。

答11

① 磯田謙雄

磯田技師は、台湾の水利事業に貢献したことで八田與一技師とともに並び称され、1932（昭和７）年、台中市に「白冷圳（はくれいしゅう）」と呼ばれる農業用水を完成させた。市城南地区の住民は、技師が戦後、寺町１丁目に住んだ縁で、現地と交流を続けており、地元の「技師を顕彰する会」が市に顕彰を要望したのを受けた。

答12

④ アワード

ＥＧＫ工芸アワードは、石川の伝統工芸に従事する若手・中堅の作家や職人、デザイナーらを対象に、創造性あふれる個人・団体を選定し、賞金や企業タイアップなどの特典を設けて活躍を後押しする顕彰制度。セレクトショップを展開するビームス（東京）が協力し、作家と連携した商品企画の候補となる。

問13

金沢外環状道路海側幹線(海側環状)で県と市が整備を進めていた大河端町一( )町間が竣工し、国道8号を介して海側環状と山側環状が結ばれ、着工から25年を経て金沢の環状道路が完成した。

① 松寺　② 岸川　③ 疋田　④ 福久

問14

村山卓市長は、市内で開かれた金沢経済同友会との意見交換会で、横山男爵邸にあった茶室「( )庵」の復元を検討することを明らかにした。

① 一灯　② 一種　③ 一滴　④ 一朝

問15

市は、姉妹都市であるフランスのナンシー市との姉妹都市提携50周年の今年度、ナンシー市の美術館が所蔵する江戸時代の( )など20点の修復に、金沢の専門家を派遣する。

① 能面　② 仏像　③ 屏風　④ 漆器

問16

市の公共シェア自転車「まちのり」の利用者数が急伸している原因として、2020年3月に車両数を3倍強の500台に増やしたことと全車両に( )を付加したことも挙げられる。

① 5段変速ギヤ
② 電動アシスト機能
③ 簡易ナビゲーションシステム
④ 走行距離計

答13

④ 福久

2012年に着工した海側環状の大河端町―福久町間が竣工したことにより、海側環状は福久町で国道8号に接続し、今町の山側環状との合流点に直結する。南北で幹線道路がつながった。これにより、これまで国道8号に集中していた津幡方面からの交通量が分散され、朝夕の通勤ラッシュの緩和が見込まれる。

答14

② 一種

一種庵は元々、横山男爵邸にあったが、大正末期に寺町に移築された。谷口吉郎・吉生記念金沢建築館を建設する際に同地にあったのが国際的建築家の谷口吉生さんから寄付され、解体し、保存していた。復元場所は、本多町３丁目の本多公園内を考えており、実現すれば茶室が集積する一帯に厚みを増す。

答15

① 能面

ナンシー市の美術館が所蔵する能面や狂言面には、加賀藩で隆盛した宝生流ゆかりの面もあり、金沢から専門家を現地に派遣、保存・修復指導に当たる。これらの面は、2018年の金沢能楽美術館、金沢能楽会の共同調査によりアジア古美術の収集家シャルル・カルチェ・ブレッソン氏の寄贈品だと判明した。

答16

② 電動アシスト機能

まちのりは2012年に始まり、市内の駐輪ポートで24時間いつでも自転車を借りられ、どこのポートでも返却できる。年間の利用者数は12年度が３万127人だったが、20年３月に車両数を150台から500台に増やし、全車両を電動アシスト機能付きに更新したところ、利用者数は前年度比、倍増した。

縄文時代を代表する新保本５丁目の国指定史跡のチカモリ遺跡は、日本で初めて(　　)木柱列が見つかったことで知られる。

① **円状**　② **輪状**　③ **環状**　④ **点状**

問 2

中屋町などの中屋サワ遺跡は縄文時代後期の遺跡で、2014(平成26)年、出土品710点が(　　)に指定された。

① **国重要文化財**　② **石川県文化財**
③ **金沢市文化財**　④ **金沢市重要遺跡**

問 3

石川県庁近くにある戸水Ｂ遺跡は弥生時代の遺跡とされ、大量の(　　)が出土した。

① **麦**　② **米**　③ **粟**　④ **キビ**

問 4

(　　)時代に、現在の金沢周辺を支配していた豪族は道君(みちのきみ)である。

① **奈良**　② **古墳**　③ **平安**　④ **鎌倉**

答1

③ 環状

チカモリ遺跡は、縄文時代後期から晩期の集落遺跡。1980(昭和55)年の発掘調査により、数多くの柱根や土器、石器、木製品、漆製品などが出土した。全国でも一躍、有名な遺跡に押し上げたのは、クリの巨木を半円形に切断した柱を円形に配列した「環状木柱列」が日本で初めて発見されたことである。

答2

① 国重要文化財

2001(平成13)年から04年にかけて行われた発掘調査では、当時の村落跡は見つからなかったものの、河川跡から大量の土器や石器、木製品が出土した。圧巻は漆を施した木製漆器で、下地に黒漆を塗り、編み籠(かご)の上部に漆を重ね塗りした籃胎(らんたい)漆器などが含まれている。出土品は市埋蔵文化財センターにある。

答3

② 米

戸水B遺跡周辺では、弥生時代に稲作が行われていたことが、米の大量出土により裏付けられた。戸水周辺は日本海に臨み、古代、大陸からの玄関口に当たり、加賀郡の行政や物流の拠点であったと考えられる。渤海(ぼっかい)からの使節も受け入れたとみられ、戸水C遺跡から「津」と墨書した土器が出土している。

答4

② 古墳

古墳時代、金沢平野で権勢をふるっていたのは道君で、570(欽明天皇31)年、朝鮮半島の高句麗(こうくり)の使者が、大和朝廷に向かうも、日本海で遭難して漂着した。これに対し、道君はその使者に、自分が倭国の王であると偽り、貢物を手に入れてしまった。これがヤマト政権に知れて厳しく叱責されたのである。

問
5

(　　)守を務めていた紀末成(きのすえなり)は823(弘仁14)年、江沼郡と加賀郡を越前国から分離し、合わせて加賀国として立国するよう提案した。

① 加賀　② 越前　③ 江沼　④ 加南

問
6

金沢21世紀美術館の建設に先立ち発掘調査された広坂遺跡からは、主に飛鳥時代から(　　)時代の瓦が多く出土した。

① 古墳　② 奈良　③ 平安　④ 鎌倉

問
7

源義経、弁慶にまつわる伝承がある「(　　)の滝」は金沢の鹿島神社境内にある。

① 不動　② 双龍　③ 鳴和　④ 音羽

問
8

源平合戦において(　　)が陣を敷いたとされる場所は現在の金沢市の広岡付近である。

① 木曽義仲　② 源義経
③ 平維盛(これもり)　④ 林六郎

答5

② **越前**

金沢を含む加賀地方は当初、越前国に属していた。加賀国が設置されたのは、今から1200年前の、平安期、823(弘仁14)年である。領域は江沼、能美、石川、加賀(のちに河北)の4郡から成っていた。加賀立国を奏上した越前守の紀末成は加賀国の初代国司を兼任した。

答6

② **奈良**

1996(平成8)年度から行われた広坂1丁目の広坂遺跡の発掘調査では、当初予期しなかった飛鳥時代から奈良時代の瓦が大量に出土した。同遺跡は、明確な寺院遺構は確認できないが、出土した「寺・大安」の刻書瓦、「佛」の刻書土器、赤彩仏具などから、古代寺院跡と考えられ「広坂廃寺」と命名された。

答7

③ **鳴和**

鳴和の滝は鳴和町にある鹿島神社の境内にある。通常、滝の定義は落差5メートル以上とされるが、鳴和の滝は落差2メートル前後で、日本一落差の低い滝とされる。歌舞伎「勧進帳」のフィナーレを飾る名場面で、源義経が弁慶とともに道中平安と武運長久を祈り、この場所で酒宴を開いたとの伝説が残る。

答8

① **木曽義仲**

源平盛衰(じょうすい)記で、1183(寿永2)年5月、加賀越中国境の倶利伽羅山の合戦で、木曽義仲勢が平家の大軍を撃破した。大敗を喫した平家軍は宮腰佐良嶽の浜(現・金石)に退き陣を張り、追撃する義仲軍は平岳野の木立林(現・広岡付近)に陣を敷き、対峙した。木立林があったのは平岡野神社付近とみられる。

1335(建武2)年9月に、富樫(　　)は足利尊氏から加賀国の守護に任じられた。富樫氏で最初に加賀守護になった人物である。

① 高家　② 泰明　③ 昌家　④ 持春

富樫氏は南北朝末期に至り、幕府の政変に連座し、加賀守護の地位を失うが、1418(応永25)年に富樫(　　)が加賀守護の地位を回復した。

① 家永　② 満春　③ 教家　④ 家宗

1369(応安2)年、南朝方で元越中国守護の(　　)が蜂起し、加賀国守護富樫昌家の拠点富樫城を攻め立て、加賀での南北朝最後の合戦が勃発した。

① 桃井直常　② 佐々成政
③ 吉見氏頼　④ 得田章房

加賀の一向一揆軍を率いた大将の洲崎慶覚は1488(長享2)年、(　　)とともに富樫政親を滅ぼした。

① 富田才治　② 鈴木出羽守
③ 河合藤左衛門尉　④ 平野甚右衛門

答 9

① 高家

富樫高家が足利尊氏から加賀国守護に任じられたのは、反乱鎮圧の恩賞としてであった。以後、氏春、昌家と３代52年間、富樫氏はその地位にあり、守護所は交通の要衝にあたる、石川郡野々市(現・野々市市)に置かれた。当時の守護は在京が多かったため、分国加賀支配の実務は守護代の手に委ねられた。

答 10

② 満春

加賀国の守護職は、富樫氏から足利一門の斯波氏に移ったが、31年後の1418年に富樫満春によって回復する。しかし、後に守護となった満春次男の教家が1441(嘉吉元)年に将軍足利義教の勘気に触れ逐電(ちくでん)し、弟の泰高(満春三男)が家督を相続すると、守護の地位を巡り、富樫一族の内乱が勃発した。

答 11

① 桃井直常

桃井勢は、平岡野(現・金沢市広岡町付近)に陣を敷き、守護富樫昌家の拠点富樫城(野々市の守護所)に攻撃を加え、危機的状況に追い込んだ。しかし、昌家の要請を受けた能登国守護の吉見氏頼や同国の武士が平岡野に攻勢をかけ、宮腰に接する大野宿にまで桃井勢を撤退させた。

答 12

③ 河合藤左衛門尉

加賀国守護に就いた富樫政親は領国の農民らに過大な年貢を課したため、一向一揆勢力は白山宮勢力と結び富樫泰高を担いで政親に対抗した。1488年、高尾城に籠った政親に対し、洲崎慶覚、河合藤左衛門尉らの一向一揆軍は粘り強く攻め立て、政親は自刃。以降、約百年間、「百姓ノ持チタル国」が続いた。

問13

大坂(石山)本願寺の末寺として、現在の金沢城公園あたりに(　　)御堂が建立されたといわれる。

① 北　② 南　③ 加賀　④ 金沢

問14

1580(天正8)年、織田信長軍は一向一揆勢の拠点を攻め落とし、柴田勝家の甥(　　)が金沢城主となった。

① 丹羽長秀　② 佐久間盛政

③ 不破光治　④ 佐々成政

問15

16世紀後半、加賀と越中の国境で繰り広げられた前田利家と佐々成政の争いの痕跡を今に伝える「加賀国境城跡群及び道」は2015(平成27)年、(　　)に選定された。

① 国指定史跡
② 国指定特別史跡
③ 石川・富山県指定史跡
④ 石川・富山県指定特別史跡

問16

1584(天正12)年、(　　)が城代を務める末森城は、越中の佐々成政勢に攻められたが、奥村永福らが入り援軍を待ちながら粘り強く抵抗した。

① 神保氏張　② 土肥次茂

③ 堀秀政　④ 溝口秀勝

答13

④ 金沢

加賀国を一向一揆が事実上支配したのを受け、1546(天文15)年、石河(川)郡門徒を中心とする加賀の惣国普請により、本願寺の加賀別院として金沢御堂(尾山御坊)が小立野台地の最先端部(現・金沢城公園)に建立された。金沢御堂には本願寺から本尊木仏と大幅の親鸞御影、同絵伝などが下付された。

答14

② 佐久間盛政

織田信長は北陸方面総司令官の柴田勝家に加賀一向一揆掃討作戦を命じた。勝家指揮下の佐久間盛政、長連龍らが金沢御堂周辺の有力寺院勢を粘り強く攻略。一向一揆勢では大坂から派遣された下間頼純が大将となって、金沢御堂で徹底抗戦した。しかし、佐久間盛政によって陥落し、佐久間の居城となった。

答15

① 国指定史跡

国指定史跡に指定されたのは、金沢市桐山町の切山城跡及び同市松根町の松根城跡と、それらをつなぐ山道の小原越えである。切山城は前田方、松根城は佐々方の城であったと見られる。国の指定理由は、城と道を一体的に価値づけして評価できる点にあり、日本で最初の事例として、太鼓判が押された。

答16

② 土肥次茂

もともと織田信長から羽咋郡を安堵された土肥親真（ちかざね）の居城だったが、賤ケ岳の戦いで親真が討死したため、弟の次茂が城代となった。佐々成政が攻め寄せると、次茂も末森城の攻防で戦死した。加賀藩祖の前田利家は、奥村永福、千秋範昌を城将として派遣した。残された土肥一族はその後、奥村らに従うことになった。

問17

徳川家と関連のある武将や家臣の功績をまとめた書物「(　　)」に、末森の合戦時の利家の妻まつに関する女傑ぶりが記されている。

① **徳川実紀**　② **駿府記**（すんぷき）
③ **明良洪範**（めいりょうこうはん）　④ **徳川諸家系譜**

問18

豊臣秀吉による朝鮮出兵で、出陣を命じられた利家は(　　)まで軍を進めた。

① **伏見**　② **太宰府**
③ **名護屋**　④ **対馬**

利家は遺言で、自分の遺体は(　　)に入れて金沢に運ぶよう遺言した。

① **長持**　② **棺桶**　③ **酒樽**　④ **革袋**

関ケ原の合戦で２代藩主利長は西軍に付いた大聖寺城主の(　　)を攻め滅ぼした。

① **丹羽長重**　② **堅田元慶**（もとよし）
③ **青木一矩**（かずのり）　④ **山口宗永**

答17

③ 明良洪範

江戸中期成立の逸話集で、まつは良妻賢母の典型として紹介されている。16世紀後半から18世紀初頭までの諸大名家などの言行や事跡など720余りをまとめている。江戸千駄ヶ谷の聖輪寺の住職だった増誉が著した。3代藩主の前田利常の「鼻毛の殿様」の逸話も盛り込んでいる。

答18

③ 名護屋

現在の佐賀県唐津市。利家は秀吉とともに1年ほど滞在したものの朝鮮半島には渡らなかった。滞陣中、後に側室となる千世(後の寿福院)が、3代藩主となる利常を身ごもった。名護屋の利家屋敷は1593(文禄2)年に来日した明国の使者の宿舎になったとされる。

答19

① 長持

利家は1599(慶長4)年に大坂で死去した。遺言状の冒頭には「遺骸は、長持に入れ金沢へ下し、野田山に塚を築いて埋葬せよ」と記されている。同時に周囲の処遇についても触れており、「大坂にいるまつなど女たちも一緒に加賀へ下すように」と指示している。

答20

④ 山口宗永

もともと小早川秀秋の家臣で朝鮮出兵で活躍した。山口玄蕃(げんば)の名でも知られている。1598(慶長3)年に大聖寺を所領とする独立した大名として取り立てられた。関ケ原の合戦では、利長軍の総攻撃を受けて、攻城戦で敗北して自決した。加賀市の全昌寺に墓所がある。

利家の四女豪姫が嫁いだ宇喜多秀家は、関ケ原での敗北後、(　　)に流刑となった。

① **伊豆大島**　② **八丈島**
③ **青ヶ島**　④ **三宅島**

問22

2代藩主利長の弟である利政は、関ケ原の合戦に出陣しなかったため、(　　)の領地を没収された。

① **新川**　② **射水**
③ **能登**　④ **七日市**

2代藩主利長の正室、永(えい)姫の父は(　　)である。

① **織田信長**　② **豊臣秀吉**
③ **蒲生氏郷**(がもううじさと)　④ **池田輝政**

問24

江戸で人質生活を送っていた芳春院(まつ)は1611(慶長16)年、特別に許されて(　　)参拝に出かけた。

① **善光寺**　② **日光**
③ **伊勢**　④ **白山**

答21

② 八丈島

秀家は備前岡山城主だった宇喜多直家の次男で9歳で家督を継承した。豊臣秀吉に引き立てられ、「備前宰相」とも呼ばれた。関ケ原の合戦では西軍に属して敗北する。八丈島に流され、亡くなるまで半世紀近くを過ごした。前田家は、豪姫の縁から藩政期を通じて子孫が暮らす八丈島に生活物資を送り続けた。

答22

③ 能登

利政は利家の次男で、生母は芳春院(まつ)。利家の死後、能登に22万石の所領を得ていた。妻子が西軍の石田三成の人質となっていたとも伝わり、関ケ原の合戦には出陣しなかった。合戦後は、京で暮らし、本阿弥光悦(ほんあみこうえつ)らと交流した。加賀八家の前田土佐守(とさのかみ)家の祖となった。

答23

① 織田信長

織田信長の五女(一説には四女)とされる。8歳の時に利長に嫁いだ。子宝には恵まれなかったが、豪姫の娘ら6人の養女を育てた。1614(慶長19)年に利長が高岡城で亡くなると、剃髪(ていはつ)して玉泉院(ぎょくせんいん)と称し、金沢城に居を移した。菩提寺(ぼだいじ)は金沢市野町3丁目の玉泉寺である。

答24

③ 伊勢

芳春院は利家の死後、1600(慶長5)年から15年間の人質生活を江戸で送った。幕府から江戸を離れる許可を2回受けている。初回は1602(慶長7)年の有馬湯治、2回目は1611(慶長16)年の伊勢参拝だった。2回目は京も訪ねている。2度とも金沢入りは認められなかった。

本多政重は、宇喜多秀家、福島正則といった大名に仕官した後、上杉氏重臣直江兼続の養子となり、その後、(　　)の推挙により、３代藩主の利常に仕えた。

① 徳川家光　② 藤堂高虎（とうどうたかとら）
③ 片桐且元（かつもと）　④ 小堀遠州

３代藩主利常の娘(　　)は、３代将軍徳川家光の養女となった後、大名浅野光晟（みつあきら）に嫁いだ。

① 摩阿姫（まあ）　② 大姫（おお）
③ 富姫（ふう）　④ 満姫（まん）

３代藩主利常は次男の(　　)を初代富山藩主とした。

① 利次　② 利高　③ 利治　④ 利孝

４代藩主の光高は1642(寛永19)年、著書「(　　)」をまとめた。

① 桑華字苑（そうかじえん）　② 自論記
③ 加能郷土辞彙（じい）　④ 陳善録

答25

② **藤堂高虎**

本多政重は徳川氏譜代の本多正信の次男。14歳で家康に仕えた後、諸国を渡り歩き、一時は2代藩主である前田利長に仕えていた。1611(慶長16)年、高虎の推挙で、前田家に再度の仕官を果たした。高虎は近江の小豪族出身で、当時は伊勢の津藩32万石の大名になっていた。

答26

④ **満姫**

満姫は、利常の三女。浅野光晟は広島藩主だった。広島では「加賀御前」と称された。広島城下で洪水が発生すると復興費用を加賀藩から引き出すなど、浅野家と前田家の間を取り持つ役割を果たした。大名家との関連では、利常の長女の亀鶴(かめつる)姫が津山藩主の森忠広に嫁いでいる。

答27

① **利次**

富山藩は、1639(寛永16)年に利常が立藩を幕府に願い出て発足した。当初は越中の神通川流域一帯と黒部川西岸、加賀の手取川南岸の合わせて10万石だったが、後に神通川流域一帯(婦負郡)に領地が集約された。利常は長男の光高を4代加賀藩主に、三男利治を大聖寺藩主にしている。

答28

② **自論記**

文人大名でもあった光高は早くから儒学者の松永尺五(しゃくご)に朱子学を学んだ。自論記は、朱子学の研鑽(けんさん)をもとにして、人倫や武家論理を説き、君子たる者の生き方を考察している。漢文体で記された。光高はこのほか、「遺訓」「一本種(ひともとぐさ)」など多くの著作を残している。

歴史 3

問29

５代藩主綱紀が、白山や立山で生態調査を実施した鳥類は(　　)である。

① クジャク　② コノハズク
③ トキ　④ ライチョウ

問30

加賀藩の家臣団では、(　　)以上が藩主へのお目見えを許された。

① 足軽　② 与力(よりき)
③ 平士(へいし)　④ 若年寄

問31

５代藩主の綱紀は、膨大な図書類を集め、収集品の多くが(　　)として残されている。

① 永青文庫　② 陽明文庫
③ 南葵文庫　④ 尊経閣文庫

問32

加賀藩主で最も在任期間が長かった(　　)は、78年間藩主を務めた。

① 利常　② 綱紀　③ 吉徳　④ 斉広(なりなが)

答 29

④ ライチョウ

ライチョウは古来から「雷の鳥」と呼ばれ、天の使いとされてきた。綱紀は1711(正徳元)年ごろから研究に取り組んだ。山麓の役人らに命じてスケッチや観察をさせ、生態について記録させた。決して捕らえさせなかったとされる。史上初めてのライチョウ調査とされる。

答 30

③ 平士

加賀藩の家臣団は行政組織と軍事組織を組み合わせて編成され、５代藩主綱紀の時代に整備された。3000石以上の人持組(ひともちぐみ)から家老が選ばれ、これ以下の人持組から若年寄が選ばれた。最高位の「八家(はっか)」から「平士」までは「御目見(ごじっきん)の侍」とされ、藩主へのお目通りが許された。

答 31

④ 尊経閣文庫

３代藩主の利常、４代藩主の光高、綱紀が集めた図書を尊経閣文庫と呼び、現在は前田育徳会が保存、運営している。綱紀は、祖父の利常が収集した書物を「小松蔵書」、父の光高が集めたものを「金沢蔵書」、自らの収集品を「尊経閣蔵書」(尊経庫蔵書とも)と称した。

答 32

② 綱紀

５代藩主の綱紀は1645(正保２)年６月、父の４代藩主光高の死去によって、３歳で藩主となった。６代吉徳に譲って隠居する1723(享保８)年５月まで藩主だった。隠居の翌年に死去した。享年82。歴代の加賀藩主で最も長命だった。逆に最も短命だったのは９代藩主重靖(しげのぶ)の19歳である。

問 33

5代藩主の綱紀が越中の(　　)川に架けさせたのが「愛本橋(あいもと)」であり、兼六園の蓮池庭のせせらぎには、愛本橋を模した橋が架けられていた。

① **黒部**　② **常願寺**

③ **神通**　④ **庄**

問 34

1707(宝永4)年、農書「耕稼春秋(こうかしゅんじゅう)」を執筆したのは(　　)である。

① **猪山直之**　② **藤井半智**

③ **土屋又三郎**　④ **内山覚仲**

問 35

「三壺聞書(みつぼききがき)」は、(　　)によって編まれた。

① **出口政信**　② **後藤彦三郎**

③ **有沢武貞**　④ **山田四郎右衛門**

問 36

11代藩主の治脩(はるなが)は藩校である(　　)を開校させた。

① **明倫堂**　② **広徳館**

③ **壮猶館(そうゆう)**　④ **経武館**

答33

① 黒部

「愛本刎橋(はねばし)」とも呼ばれる。黒部川の氾濫(はんらん)による交通の不便を解消するために築かれた。使われたケヤキ材は、珠洲から海上輸送されたともされる。橋脚を設けず、両岸から大木をはね出すように組み合わせ、中央部でつなぎ合わせた工法が特徴で、日本三奇橋の一つに数えられた。

答34

③ 土屋又三郎

石川郡の十村役を長く務めた豪農だった。年中行事を記した第１巻から農具図などを収めた第７巻までの構成となっている。耕作のいっさいに関する指導書としての性格を持つ。農具や測量法などについて克明に記されており、近世の農業技術の実態を生き生きと伝えている。

答35

④ 山田四郎右衛門

山田四郎右衛門は加賀藩の宰領足軽。書物の別名に「三壷記」がある。加賀、能登、越中の名将や勇士の伝承をまとめている。内容は鎌倉時代に始まるが、近世以降は加賀藩のみとなる。３代藩主利常の死去で記述を終える。内容が高く評価され、藩政期の文人、有識者の間に普及した。

答36

① 明倫堂

藩士の子弟を対象とした藩営の教育機関だった。初代学頭には儒学者の新井白蛾(はくが)が就いた。白蛾は治脩の学問の師である侍講(じこう)を務めた。庶民を教え導くという「四民教導」の理念を掲げていたが、実際に庶民が学ぶことができるようになったのは1868(明治元)年のことである。

12代藩主の斉広の時代に、藩士が日ごろから心得るべきことを説く「下学老談(かがくろうだん)」を著した人物は(　　)である。

① 有沢武貞　② 室鳩巣
③ 富田景周(とだかげちか)　④ 高畠厚定

12代藩主の斉広の時代、財政再建策の一つとして藩が羊の飼育を始めた場所は(　　)である。

① 兼六園　② 白山麓
③ 湯涌　④ 内灘

13代藩主の斉泰(なりやす)の時代、寺島蔵人(くらんど)の失脚後に実権を握ったのは(　　)で、藩財政を掌握した。

① 今枝直方　② 前田直躬(なおみ)
③ 前田直時　④ 奥村栄実(てるざね)

13代藩主の斉泰は、先代の正室(　　)のために巽(たつみ)御殿(ごてん)という隠居所を建てたが、この一部がのちに成巽閣となる。

① 真龍院　② 貞琳院
③ 真如院　④ 景徳院

答37

③ 富田景周

2500石取りの藩士で、1781(天明元)年に小松城番、1786(天明6)年に算用場奉行に任命された。加越能の地理と加賀藩の歴史を掘り下げたことでも知られ、「越登賀（えっとが）三州志」をはじめ、60を超える著作を残している。「下学老談」は「加賀論語」とも呼ばれた。

答38

① 兼六園

毛織物産業を育てる目的で、オランダ産の綿羊4頭を幕府から譲り受け、1821(文政4)年に兼六園内にあった竹沢御殿の西側の小屋で飼育を始めたとされる。綿羊は8年後には27頭にまで増えたが、目的の毛織物産業育成にはつながらなかった。1838(天保9)年に羊は町人に下げ渡している。

答39

④ 奥村栄実

加賀八家の奥村家出身の年寄として、藩政を仕切った。寺島蔵人を能登島に流刑にした後に天保改革を進めた。宝暦の大火で焼失した金沢城本丸の辰巳櫓（たつみやぐら）の再建を中止するよう進言したほか、銭屋五兵衛を御手船裁許に登用し藩営による海運事業を推進した。「官私随筆」などの著作も残る。

答40

① 真龍院

公家の鷹司（たかつかさ）家から12代藩主の斉広に嫁ぎ、斉広の死まで、18年間、江戸上屋敷で生活した。52歳で江戸屋敷から金沢に移った。江戸から金沢に向かう様子をつづった道中記「越（こし）の山文（やまぶみ）」を残している。斉広の供養として兼六園の栄螺山（さざえやま）に三重の石塔を立てている。

問41

幕末に加賀藩が初めて英国から購入した軍艦（　　）丸は、1864（文久4）年に海路上洛した将軍徳川家茂の随行船団として品川・兵庫間を往復した。

① **朝陽**　② **発機**　③ **鳳凰**　④ **明倫**

問42

1864（元治元）年、水戸天狗党の上洛を止めるために加賀藩は藩士（　　）らを派遣し、同年12月に越前葉原において浪士らは降伏した。

① **藤田小四郎**　② **武田耕雲斎**

③ **永原甚七郎**　④ **竹田権兵衛**

問43

14代藩主の慶寧（よしやす）が開拓を進めた卯辰山には、藩により（　　）が設置された。

① **養生所**　② **御細工所**

③ **蘭学所**　④ **英学所**

問44

町人の能登屋甚三郎が幕末の金沢の世相を記した書物は（　　）である。

① **応響雑記**　② **梅田日記**

③ **閑窓自適**　④ **言霊族暁**

答41

② **発機**

軍隊の近代化を目指す加賀藩が1862(文久2)年、蒸気機関を備えた軍艦として購入した。幅7.2メートル、全長48.6メートル、250トンだった。指揮官である岡田雄次郎ら若手藩士が搭乗して、西欧の新技術の習得に努めた。長州征伐の兵員輸送などにも従事している。

答42

③ **永原甚七郎**

浪士らは水戸藩の攘夷強硬派。1864(元治元)年に筑波山で挙兵し、攘夷の信念を伝えるべく中山道経由で京を目指していた。永原甚七郎は加賀藩の追討軍を指揮していた。雪中行軍で疲労を極めた浪士らは投降。永原は衣服や食料を提供、幕府への取り成しにも奔走したが、許されず天狗党は処刑された。

答43

① **養生所**

病人の施療を行う施設だった。藩は卯辰山開拓を総合開発事業として展開し、養生所のほかにも貧しい領民に対する社会福祉事業を行う撫育所(ぶいくしょ)も整備した。繊維、製紙、製陶、金工などの工場や店舗などの誘致のほか、料亭や寄席、茶店などの娯楽施設も備えていた。

答44

② **梅田日記**

能登屋甚三郎は並木町に住み、日記には庶民の衣食住や年中行事、親戚・縁者との交際といった私生活をはじめ、政治情勢、災害などをつづった。卯辰山の遊山の様子や茶屋街での遊興、寺院への参詣など庶民の暮らしを伝える。甚三郎は明治維新後に梅田甚三久と改名した。

1871(明治4)年、廃藩置県によって生まれた「金沢県」の大参事として着任し、翌年2月に県庁を金沢から石川郡美川町に移した初代石川県令(知事)は(　　)である。

① 岩村高俊　　② 北条時敬(ときゆき)

③ 内田政風(まさかぜ)　　④ 井上友一

金沢の振興を図るため、1872(明治5)年9月に金沢で初めての展覧会が(　　)を会場として開催された。

① 卯辰山　　② 巽御殿

③ 天徳院　　④ 尾山神社

問47

1880(明治13)年、兼六園に「明治紀念之標」として(　　)の銅像がつくられた。

① 前田利家　　② 前田慶寧

③ 日本武尊　　④ 神武天皇

金沢三文豪の一人、泉鏡花の父である彫金師の清次は1893(明治26)年に米国(　　)で開催されたコロンブス上陸400年記念万博で賞状を贈られた。

① ニューヨーク　　② フィラデルフィア

③ シカゴ　　④ サンフランシスコ

答45

③ 内田政風

1869(明治2)年の版籍奉還で加賀藩は金沢藩となり、長家上屋敷が金沢藩庁となった。2年後の廃藩置県で旧藩主前田家は東京へ去り、金沢藩庁は金沢県庁となった。内田は薩摩藩の出身。在職中の内田は、兼六園の開放、勧業博物館創設などに尽力している。

答46

② 巽御殿

殖産興業の機運を盛り上げるため、金沢の中屋彦十郎と森下森八が発起人となり9月12日から30日間、「金沢展覧会」として開催された。2年後には「金沢大博覧会」が開かれ、7万2千人の来場者でにぎわった。この時は伝統工芸品のほか、大きな金のシャチホコも展示された。

答47

③ 日本武尊

西南戦争に従軍した石川県出身の戦死者の慰霊を目的として、1880(明治13)年に建立された。高さは5.5メートル、重さは5.5トンである。高岡で鋳造され、屋外の人物像としては日本最古の銅像となる。石積の石には、旧金沢城の玉泉院丸の露地石が用いられたと伝わっている。

答48

③ シカゴ

泉清次は加賀象嵌(ぞうがん)の名手として知られた。加賀藩主の私的空間である「奥御納戸(おくおなんど)」出入り職人として推挙されたとの記録もある。維新後も活躍、1885(明治18)年には、独ニュルンベルクの金工博覧会でメダルを受けている。シカゴでの記念万博の1年後に死去している。

問 49

北陸線は1898(明治31)年４月に小松－金沢間、同年11月に金沢－(　　)間が開通した。

① 七尾　② 本津幡
③ 高岡　④ 呉羽

問 50

石川県立図書館は1912(明治45)年１月、(　　)で開館した。

① 長町　② 兼六公園
③ 本多町　④ 小立野

問 51

大正デモクラシー期を代表する、金沢生まれの政治家、永井柳太郎の支持者たちは1917(大正６)年に(　　)を結成した。

① 立憲政友青年党　② 金沢青年党連盟
③ 金沢雄弁会　④ 金沢立憲青年会

問 52

金沢の市内電車(市電)は1919(大正８)年、金沢駅前と(　　)の間で操業を始めた。

① 金石町　② 香林坊
③ 公園下　④ 野町

答49

③ 高岡

1892(明治25)年に施行された鉄道敷設法に基づいて、国営幹線鉄道の工事が93年から行われてきた。96年7月に敦賀－福井間、97年9月に福井－小松間が開通した。それまでは鉄道の便がなく、94年に始まった日清戦争では金沢の歩兵第7連隊が敦賀まで猛暑の中、行軍した。

答50

② 兼六公園

石川県勧業博物館の図書部を前身として園内に創設された。同図書部は殖産興業を支える日本初の常設物産博物館施設としても位置づけられている。終戦後の1948(昭和23)年、隣接していた商品陳列館の火災により類焼。66年に本多町に移転した後、2022(令和4)年に小立野の現在地に移った。

答51

④ 金沢立憲青年会

1919(大正8)年に名称を石川県立憲青年党に改め、県内の普通選挙運動の中心的な役割を果たした。代表を東京の普選大会に派遣し、22年には金沢で「普選断行大会」を開いた。金沢市会でも勢力を伸ばし、社会政策の充実を訴えた。幹部である沢野外茂次は戦後に金沢市長に就いている。

答52

③ 公園下

兼六公園下のこと。旧加賀藩関係者らが出資する「金沢電気軌道株式会社」が武蔵ケ辻、橋場町経由で敷設した。その後、兼六公園下から小立野方面、香林坊方面へと順次、路線網が広がった。大正末期の統計では年間1532万人が利用していたとされる。北陸鉄道に移管後の1967(昭和42)年に廃止された。

1921(大正10)年、シベリア出兵に動員された金沢の陸軍第9師団の第1陣は(　　)港からウラジオストクへ向かった。

① **宇品**　② **直江津**

③ **敦賀**　④ **七尾**

問54

「二つの流れ遠長く」で始まる金沢市歌は(　　)を契機に作られた。

① **第1回金沢市祭**
② **第1次世界大戦の戦勝パレード**
③ **産業と観光の博覧会**
④ **日本国憲法の公布**

問55

1925(大正14)年に金沢の材木商(　　)はレジャー施設「粟ケ崎遊園」を開設した。

① **細野燕台(えんだい)**　② **高多久兵衛**

③ **平沢嘉太郎**　④ **谷口吉郎**

問56

1937(昭和12)年に金沢出身の林銑十郎(せんじゅうろう)陸軍大将が首相に任命された2月2日は、(　　)と同じ日付である。

① **神武天皇の即位**
② **前田利家の金沢城入城**
③ **石川県の誕生**
④ **海軍記念日**

答53

④ 七尾

先陣を切ったのは第９師団のうち歩兵第７連隊の２個大隊と歩兵第36連隊の一部。尾山神社で武運長久を願い、七尾から輸送船に乗り込んだ。師団司令部はウラジオに置かれ、ハバロフスクを結ぶウスリー鉄道と支線の警備に就いた。厳寒の中、凍傷者が続出したと伝わる。

答54

① 第１回金沢市祭

加賀藩祖利家の金沢入城を記念した尾山神社の祭礼を市主催にして1923(大正12)年６月に初めて開かれた。現在の百万石まつりの前身とされている。市歌は市民意識の喚起を目的にして作られた。同時に市は「愛(め)でよ尾山を　拡(ひろ)げよ金沢」を公募によって標語に定めた。

答55

③ 平沢嘉太郎

関東大震災で大量の材木を東京に送り、財をなしたとされ、「北陸の材木王」と呼ばれた。浅野川電気鉄道(浅電)の社長も務め、金沢と郊外を結ぶ鉄道と、内灘砂丘に位置するレジャー施設経営の相乗効果を狙った。粟ケ崎遊園は少女歌劇団のレビューが人気を集めた。戦時中に閉園。

答56

③ 石川県の誕生

美川を県庁とする石川県の誕生は1872(明治５)年２月２日で、林首相の任命はこの日からちょうど65年に当たる。林内閣は２大政党である民政党と立憲政友会の協力を得られず４カ月で瓦解し、「何もせんじゅうろう内閣」と揶揄(やゆ)された。２年後には金沢出身の阿部信行陸軍大将が首相に就く。

問57

太平洋戦争の激化で米爆撃機Ｂ29は金沢にも姿を現す。終戦直前の1945（昭和20）年８月13～14日、金沢に投下された「（　　）の皆様」と題した伝単（ビラ）には、日本が連合国と和平交渉を進めていることが明かされていた。

① 日本　② 加賀　③ 金沢　④ 城下

問58

1947（昭和22）年１月、金沢市内に本部を置き、（　　）と名乗る女性を教祖とする一団が検挙された。

① 璽光尊（じこうそん）　② 地蔵尊
③ 無上光尊（むじょうこうそん）　④ 天上大神

問59

昭和の大合併で、金沢市との合併協議がまとまらず、野々市町（当時）との間で分割されたのは（　　）村である。

① 安原　② 額　③ 押野　④ 郷

問60

1969（昭和44）年２月、金沢市泉２丁目に航空自衛隊小松基地に所属する（　　）戦闘機が墜落した。

① Ｆ15　② Ｆ86
③ Ｆ104　④ Ｆ111

答57

① 日本

「私共は本日皆様に爆弾を投下するために来たのではありません」と書き出す内容で、日本政府がポツダム宣言を受諾する用意を進めている、と明かした。終戦直前に金沢市内を含む全国に散布された。空襲に備え、戦時中の金沢市内では、木造建築物を取り壊す間引き疎開が実施された。

答58

① 璽光尊

教祖は天変地異を予言し、超国家主義的な政策推進を説いたとされる。市内に置いた本部を「高天原」と呼び、大相撲の双葉山や囲碁棋士の呉清源が信者となっていた。女性は逮捕の2日後に釈放されるものの、一斉検挙をきっかけに教団の勢いは衰え、横浜市内に拠点を移した。

答59

③ 押野

石川郡押野村議会は1955(昭和30)年6月に金沢市への編入を議決した。村内では金沢との合併を望む市街地と、野々市との合併を目指す農村部が激しく対立しており、反対派が県庁に詰めかけて編入不採用を陳情した。翌年、町村合併調整委員会の調停で村は2分割された。

答60

③ F104

「最後の有人戦闘機」とも呼ばれたが、落雷によって操縦不能になり、人家密集地帯に墜落した。死者4人、重軽傷者18人、民家の全壊・半壊が24戸となる事故となった。操縦士はパラシュートで脱出し、軽傷だった。反基地運動が盛んな時期と重なり、ジェット機配備反対運動が起きた。

問61

金沢の石川県立体育館で開催された政府公聴会で、発言者からいわゆる北陸新幹線の構想が提唱されると、答弁した首相(　　)は「アイデアは面白い」と応じ、検討する意向を示した。

① 池田勇人　**② 佐藤栄作**

③ 田中角栄　**④ 三木武夫**

問62

1986(昭和61)年、市内中心部の再開発を目指し、(　　)がオープンした。

① 近江町いちば館　**② 片町きらら**

③ 香林坊アトリオ　**④ 片町プレーゴ**

問63

1988(昭和63)年11月、オーケストラ・アンサンブル金沢の設立記念公演は(　　)と金沢市観光会館を会場に行われた。

① 石川県立能楽堂　**② 金沢市民芸術村**

③ 石川県立音楽堂　**④ 金沢市文化ホール**

問64

2015(平成27)年11月15日の第1回金沢マラソンのキャッチフレーズは「金沢を(　　)『走る!』」だった。

① ゆっくり　**② まるごと**

③ ぐるっと　**④ おんぼらーと**

答61

②佐藤栄作

公聴会はいわゆる「一日内閣」で、岩川毅（たけし）・砺波商工会議所会頭が「北回り新幹線」の建設を要望した。検討を約束した佐藤首相の言葉で、建設の機運が一気に高まった。「北陸新幹線」の名称が使用されたのは、1972（昭和47）年６月に決定された基本計画からである。

答62

③ 香林坊アトリオ

香林坊第２地区の市街地再開発ビルとして９月20日にオープンし、翌日の歩行者天国には約35万人が繰り出したとされる。香林坊では1983 ～ 84年に大規模開発事業が始まり、85年には「東急ホテル」「ＫＯＨＲＩＮＢＯ　１０９」がオープンした。武蔵地区と一体になった商業ゾーンとして期待された。

答63

④ 金沢市文化ホール

オーケストラ・アンサンブル金沢は日本初の小編成プロ楽団として発足した。初代音楽監督は岩城宏之（永久名誉監督）が務めた。初演のプログラムはモーツァルトの「三大交響曲」だった。2001（平成13）年に石川県立音楽堂が開館すると、同施設を中心に音楽活動を行っている。

答64

② まるごと

第１回は雨に見舞われたが、市民ランナー１万1821人が参加した。しいのき迎賓館を出発し、兼六園や東山、寺町寺院群も盛り込まれたコースだった。約６千人のボランティアが大会運営を支えた。７時間の制限時間内に出走者の96.8%が完走した。沿道では主催者発表で約20万人が声援を送った。

「白門」とも呼ばれる金沢城公園・石川門の名前の由来は(　　)からだとされる。

① **石川橋につながっていた**
② **近くに石川県令（県の長官）の屋敷があった**
③ **門が石川郡の方角を向いていた**
④ **門の石垣が川の字に配置されていた**

藩政時代の金沢は二重に惣構(そうがまえ)が築かれ、位置から東・西、内・外に区分される。金沢市役所裏の流路は(　　)惣構であり、ケヤキの大木や土塁などに面影を残している。

① **東外**　② **東内**　③ **西外**　④ **西内**

３代藩主利常が京都から庭造りの名手(　　)を招き、金沢城の玉泉院屋敷跡で庭造りを始めたのは1634(寛永11)年である。

① **賢庭(けんてい)**　② **剣左衛門(けんざえもん)**
③ **石川丈山(じょうざん)**　④ **金森重近(しげちか)**

2015(平成27)年春に完成した金沢城公園玉泉院丸庭園の見せ場の一つである「色紙短冊積石垣(しきしたんざくづみ)」は、藩政後期の石垣職人である(　　)が命名したとされる。

① **西村太冲(たちゅう)**　② **後藤彦三郎**
③ **土屋又三郎**　④ **藤井半智(はんち)**

答1

③ 門が石川郡の方角を向いていた

石川門は高麗門の一の門、櫓門の二の門、続櫓と2層2階建ての石川櫓で構成される。金沢城の正門は大手門で、石川門は裏口の搦手門にあたる。鉛瓦の使用で屋根が白く見え、その理由は戦への備えや城の美観、北陸の冬の厳しい寒さを防ぐためなど諸説ある。1950(昭和25)年、国重要文化財に指定された。

答2

③ 西外

惣構は、城を中心とした城下町を囲い込んだ堀や、堀の城側に土を盛り上げて造った土居などの防御施設のことである。２代藩主利長が藩の客将高山右近に命じて1599(慶長４)年に内惣構を、３代藩主利常は1610(慶長15)年、篠原一孝に指示して外惣構を開削し、地形的外観がほぼ整った。

答3

② 剣左衛門

２代藩主利長夫人(玉泉院)が亡くなった後、利常は二の丸御殿に隣接する玉泉院丸の作庭に際して、京都から剣左衛門を招いた。奇岩・珍石を領内各地から集め、小者、足軽を動員して玉泉院丸に運ばせた。大きな泉水と築山、御亭が設けられ、兼六園ができるまで、この庭は城内第一の庭となった。

答4

② 後藤彦三郎

金沢城は「石垣の博物館」と呼ばれ、石積み技術者「穴生」の後藤彦三郎が名付けた色紙短冊積は主に正方形(色紙型)と長方形(短冊型)の石が組み合わされた。泉水の周囲に巨岩や奇岩を配した玉泉院丸庭園の借景とされ、５代藩主綱紀時代の寛文年間(1661 ~ 73)に創建されたとされる。

2010(平成22)年、約130年ぶりに復元された金沢城河北門の枡形(ますがた)の漆喰(しっくい)塗りの塀には(　　)が埋め込まれている。

① 隠し鉄砲狭間(はざま)　**② 隠し部屋**

③ 隠し門　**④ 隠し石垣**

兼六園の霞ケ池西南岸の水辺に突出して水亭が設けられているのは(　　)である。

① 時雨(しぐれ)亭　**② 夕顔亭**

③ 内橋亭　**④ 舟之御(おちん)亭**

藩政期に兼六園の正門・蓮池(れんち)門の真正面にあったことから「表坂」とも呼ばれた坂は(　　)である。

① 松濤(しょうとう)坂　**② 不老坂**

③ 桂坂　**④ 随身(ずいしん)坂**

問8

兼六園の唐崎松(からさきのまつ)は、13代藩主斉泰(なりやす)が(　　)の松の名所「唐崎」から種子を取り寄せて育てたといわれる。

① 七尾湾　**② 若狭湾**

③ 琵琶湖畔　**④ 唐津湾**

答5

④ 隠し石垣

金沢城の実質的な正門だった河北門の枡形には、防御性重視の隠し石垣が設けられた。石垣を覆うように漆喰を塗る工事は極めて珍しく、平成の復元ではきれいな土塀に仕上げるために石垣に竹を刺し、そこに縄を組んで土を塗り込めるといった工夫をした。

答6

③ 内橋亭

東屋（あずまや）の内橋亭はもと蓮池（れんち）庭内にあった4亭の一つで、元々、園内の馬見所にあったものが1874(明治7)年頃、現在の場所に移築された。池汀（ちてい）に8畳の間があり、板縁を通って反（そ）り橋を渡り、6畳間の水亭に至る。三方の窓から園内の四季折々の風景が展望できる。

答7

① 松濤坂

松濤坂は現在の蓮池門の料金所正面にアカマツやシイノキ、モミなどの大木が続く箇所にある。松林が通る風に擦（す）れる音が打ち寄せる大波(波濤（はとう）)のように聞こえたため、名付けられた。辺りは5代藩主綱紀が1676(延宝4)年に庭園化し、蓮池庭（れんちてい）と呼ばれるようになった。

答8

③ 琵琶湖畔

唐崎松は高さ約10メートル、幅約26メートルと園内随一の枝ぶりを誇る。斉泰が近江八景の一つである琵琶湖畔の唐崎松から取り寄せた黒松である。湿った雪の重みによる枝折れを防ぐために施される「雪づり」は、冬の訪れを告げる風物詩としても有名で、円すい型の趣深い風情を醸（かも）し出す。

兼六園の曲水に架かる橋で、雁（がん）が夕空に列をなして飛ぶ形を模した(　　)は、板状の赤戸室石によってつくられている。

① **雁行橋**　② **雁飛橋**

③ **夕雁橋**　④ **雁列橋**

現在、兼六園がある場所に建っていた12代藩主斉（なり）広（なが）の隠居所は(　　)である。

① **巽（たつみ）御殿**　② **金谷（かなや）御殿**

③ **竹沢御殿**　④ **越後屋敷**

兼六園と兼六坂を挟んで位置する西田家庭園は、崖地を利用した上下二段式の池泉回遊式庭園で、江戸時代初期、加賀藩御小姓頭（おこしょうかしら）の(　　)が手掛け、約100年をかけて完成した。

① **太田長知（ながとも）**　② **興津忠治（おきつただはる）**

③ **小堀遠州（えんしゅう）**　④ **脇田直賢（わきだなおかた）**

(　　)は灌漑（かんがい）目的で加賀藩が着工し、犀川水系で最も上流にある。

① **辰巳用水**　② **寺津用水**

③ **長坂用水**　④ **鞍月用水**

答9

① **雁行橋**

雁行橋は11枚の赤戸室石を雁の飛ぶ形に並べ、七福神山の麓を流れる曲水に架かる。1枚1枚が亀の甲の形をしていることから「亀甲橋」とも言われる。その橋を渡ると長寿を保つとして縁起が良いとされるが、石の表面の摩耗などで現在は通行止めとなっている。

答10

③ **竹沢御殿**

霞ケ池の南東岸の台地に1822(文政5)年、斉広が建坪約1万3千平方メートルに及ぶ竹沢御殿を造営、一帯を取り込んだ庭園とした。その寝床で斉広が死去し、枕元跡を踏まないよう地蔵堂が建てられた。斉広の没後、13代藩主斉泰は竹沢御殿を取り壊して霞ケ池を拡張し、池泉回遊式庭園を完成させた。

答11

④ **脇田直賢**

脇田直賢は藩政期初期、金沢町奉行を務めた。西田家庭園の下段は2代藩主利長の正室・永の法号にちなみ「玉泉園」と呼ばれ、池泉の水源が兼六園の徽軫灯籠付近の曲水から引かれる。上段の茶室・灑雪亭露路と庭園は、加賀藩に来仕した千仙叟宗室の指導により作庭されたと伝えられている。

答12

② **寺津用水**

隧道が多く、総延長10.7キロの寺津用水は1665(寛文5)年に完成した。水力による市内初の辰巳発電所が1900(明治33)年に出来、30(昭和5)年には上水道利用も始まった。69(同44)年に辰巳発電所は廃止されたが、農業用水と飲料水の供給源となっている。

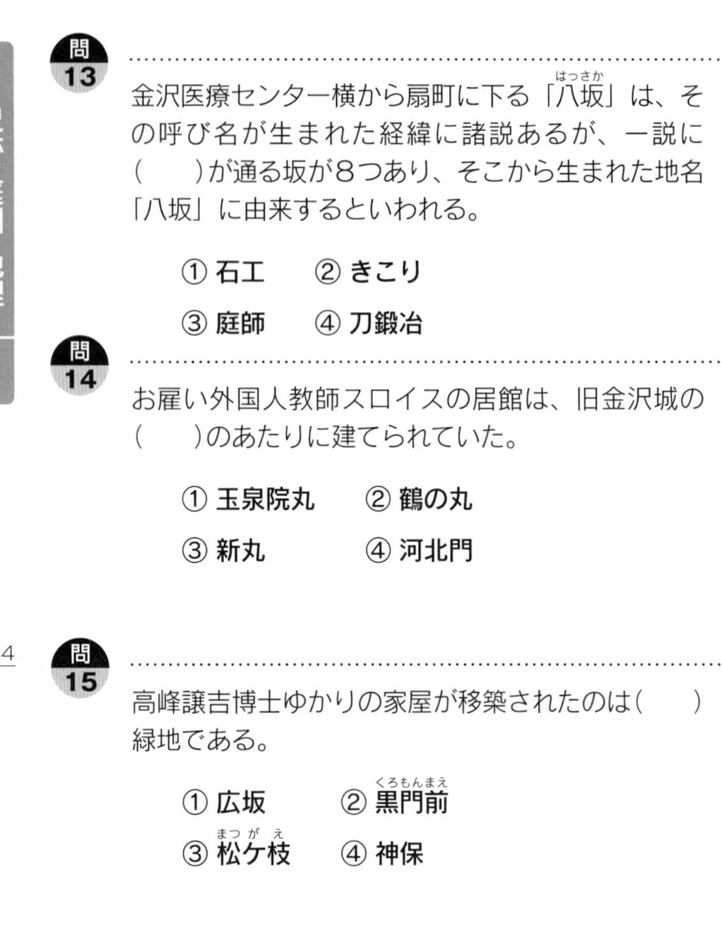

問13

金沢医療センター横から扇町に下る「八坂（はっさか）」は、その呼び名が生まれた経緯に諸説あるが、一説に（　　）が通る坂が8つあり、そこから生まれた地名「八坂」に由来するといわれる。

① 石工　② きこり
③ 庭師　④ 刀鍛冶

問14

お雇い外国人教師スロイスの居館は、旧金沢城の（　　）のあたりに建てられていた。

① 玉泉院丸　② 鶴の丸
③ 新丸　④ 河北門

問15

高峰譲吉博士ゆかりの家屋が移築されたのは（　　）緑地である。

① 広坂　② 黒門前（くろもんまえ）
③ 松ケ枝（まつがえ）　④ 神保

問16

卯辰山は「日本有数の（　　）」といわれる。

① 里山　② 碑林　③ 梅林　④ 竹林

答13

② きこり

八坂は、かつて付近にきこりが通う八つの坂があり、そのうち残った一つが八坂と名付けられた。近くにあった寺院の名前や加賀八家の屋敷をとって宝幢寺(ほうどうじ)坂、伊予殿(いよどの)坂とも呼ばれた。斜度13度の真っすぐに伸びた美しい坂で、がけ下に並び建つ寺院を八坂五山と称する。

答14

① 玉泉院丸

加賀藩は1870(明治3)年に金沢医学館を開設し、西洋医学の教育を行うためオランダ人の軍医ピーター・スロイスを雇った。大手町の医学館で西洋医学を教授したスロイスは舎密(せいみ)学(化学)や動物学、薬剤学などの講義を行い、金沢城の玉泉院丸に一時置かれた洋館に住んだ。

答15

② 黒門前

丸の内にある黒門前緑地は1995(平成7)年まで金沢地方検察庁検事正官舎の敷地だった。2001(同13)年、近代和風建築の旧官舎の一部と、その土塀を巡(めぐ)らす屋敷構えを保存するとともに、高峰ゆかりの家屋を移築し、公園として整備された。桜の名所でもある。

答16

② 碑林

1914(大正3)年に公園に供用された卯辰山は句碑や文学碑、記念碑、顕彰碑など史蹟の数は60を超える。このうち、徳田秋声の文学碑は1947(昭和22)年に完成。設計は金沢市出身の世界的建築家・谷口吉郎が手掛け、武家屋敷の土塀を模した壁面に秋声自筆の陶板が埋め込まれた。

問17

城南1丁目と大桑町を結ぶ犀川(　　)は、1998(平成10)年に架けられた。

① **花見橋**　② **月見橋**

③ **雪見橋**　④ **風流橋**

問18

浅野川に架かる天神橋は、当初(　　)とも呼ばれていたが、山頂に天神社が置かれ、その参道にあるため、現在の名称になったといわれている。

① **開拓橋**　② **見返橋**

③ **不渡橋**　④ **甦(よみがえり)橋**

問19

浅野川大橋と天神橋の間に架かる歩行者専用の(　　)は、1910(明治43)年に民間有志の寄付を集めて架けられた橋である。

① **中の橋**　② **桜橋**

③ **一文橋**　④ **梅ノ橋**

問20

二俣町の真宗大谷派本泉寺にある県指定名勝「九山(くせん)八海(はっかい)の庭」は、県内最古の中世庭園とされ、蓮如(れんにょ)が自ら植えたとされる(　　)の巨木がある。

① **クリ**　② **スダジイ**

③ **サワラ**　④ **サルスベリ**

答17

③ 雪見橋

いしかわ景観賞を受けた犀川雪見橋は長さ187.5メートル、幅約15メートル。全体に曲線を取り入れ、両側の歩道中央部にはギヤマンの窓のついたバルコニーが設けられており、高欄部分にはステンドグラスで仕上げた雪見障子風の窓が配置された。医王山の遠景や周辺緑地が一望できる。

答18

④ 甦橋

天神橋は元々、一文橋で、1867(慶応3)年に14代藩主慶寧(よしやす)が卯辰山開拓に伴って養生所を開いた際、新たに架けられた。当初、甦橋と命名されたが、卯辰山に天神さんを祀(まつ)った社があったため天神橋と呼ばれるようになった。現在の橋は1955(昭和30)年に架けられた。

答19

④ 梅ノ橋

初代の梅ノ橋は、東茶屋街の芸妓(げいこ)の生涯を描いた井上雪の代表作「廓(くるわ)のおんな」などによると、「廓の客の一人が言い出してかけた、廓(くるわ)のかよい橋である」とある。1953(昭和28)年の流失後、地元の要望を受けた市が78年に歩行者・自転車専用橋として整備した。

答20

③ サワラ

浄土真宗中興の祖・蓮如が造園し、名付けたと伝わる九山八海(くせんはっかい)の庭は、きりたつ壁岩を背後に、池泉が掘られ、池中に大きな岩石を配して島を表現した。池の周囲には蓮如お手植えとされるサワラの巨木や、陰陽一対となす硯石(すずりいし)と背丈石も残される。1970(昭和45)年に県指定名勝を受けている。

問21

（　　）は街路の一部で、藩政期に火災の延焼防止などのために設けられた場所である。

① 広見　② 角場　③ 止場　④ 除地

問22

広坂通りに面した石川県政記念しいのき迎賓館（旧石川県庁）付近には藩政時代、（　　）があった。しいのき迎賓館の前に今も残るシイノキは、その名残である。

① 公事場　② 算用場

③ 堂形蔵　④ 作事場

問23

金沢駅から石川県庁に向かって大通りを進むと、右手に駅西中央公園がある。この公園にある（　　）は、藩政期末、この地で起きた年貢減免の嘆願事件で犠牲になった村役人たち15人の事績を顕彰している。

① 天保義民之碑　② 七稲（なないね）地蔵

③ 大樋松門　④ 明治紀念之標

問24

武将・大名の佐久間盛政（もりまさ）が金沢城（尾山城）主だった頃、尾山八町は南町、堤町、金屋（かなや）（谷）町、松原町、西町、安江町、（　　）、材木町であった。

① 片町　② 高岡町

③ 近江町　④ 尾張町

答21

① 広見

広見は藩政時代に延焼を防ぐため設けられた火よけ地が由来とされ、金沢独特の呼び名である。使われ方には伏兵を配置したり、馬車の回転地、火消しの結集地点、藩の高札や辻説法などの場とされる。日蓮宗妙立（みょうりゅう）寺の先にある「六斗（ろくと）の広見」は市内で最大規模。

答22

③ 堂形蔵

堂形のシイノキは左右一対で生育するスタジイの老樹である。1943(昭和18)年、国指定天然記念物となった。一説には藩祖利家が1595(文禄４)年、京都の三十三間堂を模した堂形の的場を周辺に作らせ、藩の米蔵(堂形米蔵)が置かれたため堂形の名が付けられたと伝わる。

答23

① 天保義民之碑

1838(天保９)年、農民15人が凶作に耐えかね、付近28カ村を代表して年貢減免を藩に願い出た。しかし、牢（ろう）に入れられ、主謀者は９年間、越中五箇山に流刑となった。1897(明治30)年、勝海舟が真相を知り「天保義民」と称え、記念碑の碑文を揮毫（きごう）、翌年に天保義民之碑が建立された。

答24

③ 近江町

金沢城下の起源ともされる「尾山八町」は1546(天文15)年、一向衆が現在の金沢城公園辺りで金沢御堂(尾山御坊)を創建し、周囲に南町や西町などの門前町が形成された。1580(天正8)年、盛政によって尾山御坊が陥落すると盛政の居城となり、尾山八町は栄えたとされている。

市が取り組む旧町名復活の中で、主計(かずえ)町、飛梅(とびうめ)町、下石引町に続く４番目は(　　)であり、現在までに27の町名が蘇(よみがえ)っている。

① 並木町　　② 木倉町

③ 柿木畠　　④ 六枚町

問26

兼六園下交差点から兼六園の方向へ延びる坂は、(　　)である。

① 甚右衛門(じんえもん)坂　　② 紺屋坂

③ 尻垂(しりたれ)坂　　④ 桜坂

問27

犀川の上菊橋と十一屋町や法島町をつなぐ坂は(　　)である。

① 蛤(はまぐり)坂　　② W坂

③ 長良坂　　④ 不老坂

問28

ひがし茶屋街の東端、毘沙門天(びしゃもんてん)や藩祖利家を祀(まつ)る宇多須神社の横にある急坂は(　　)である。

① 観音坂　　② 帰厚(きこう)坂

③ 子来(こらい)坂　　④ 小尻谷坂

答25

② 木倉町

1963(昭和38)年以降の住居表示実施に伴い、藩政期に由来する由緒ある町が次々と整理・統合された。市は99(平成11)年10月、全国で初めて旧町名の主計町を復活させた。2003(同15)年８月、片町２丁目から蘇(よみがえ)った木倉町は藩政期初め、藩の材木蔵があったことから名が付いた。

答26

② 紺屋坂

紺屋坂は藩政期初期に藩の御用染商、館紺屋(たちこんや)孫十郎が付近に住んでいたことから名が付いた。金沢商工会議所前の道路から金沢城公園に入る甚右衛門坂は1580(天正８)年、佐久間盛政の攻撃を受けた時、本願寺方の浪士、平野甚右衛門が奮戦、討死した坂だったため名付けられた。

答27

④ 不老坂

不老坂は寺町通りから犀川左岸をつなぐ十一屋町、法島町地内にある。かつて細く急な坂道だったが、明治の中頃、上菊橋とつながり、後に拡張整備され縁起のいい不老坂という名が付いた。近くに風呂屋があり、不老長寿にあやかって、この名で呼ばれたともいう。

答28

③ 子来坂

子来坂は斜度15度の急坂。名の由来を伝えるエピソードとして1867(慶応３)年、14代藩主慶寧(よしやす)が着手した卯辰山開拓の時、作業する住民多数がまるで子供のようにはしゃいで上ったなどの説があるが、「子」は「民」を意味するとの見方もある。利家が守り本尊として仰いだ摩利支天(まりしてん)を祀(まつ)る真言宗宝泉(ほうせん)寺に通じている。

笠舞の猿丸神社から小立野台へ抜ける坂を「白山(しらやま)坂」と呼ぶが、名前の由来は、(　　)ことからである。

① 坂から白山がきれいに見える
② 坂の上に白山の山号を持つ波着寺(はちゃくじ)がある
③ 白山信仰の布教者が多く住んでいた
④ 猿丸神社に白山信仰の神が祀られている

1869(明治2)年に前田(　　)が金沢藩知事になり、藩庁は長町にあった。

① 直躬(なおみ)　② 直之(なおゆき)
③ 慶寧(よしやす)　④ 斉広(なりなが)

市の最高峰の山は(　　)で、標高は1644メートルである。

① 戸室山　② 医王山
③ 奈良岳　④ キゴ山

犀川水系七ケ用水の寺津、辰巳、長坂、鞍月、泉、大野庄、中村高畠のうち、大野庄用水は(　　)が開削したと言われており、金沢で最も古い用水とされている。

① 油屋与助　② 富永佐太郎
③ 板屋兵四郎　④ 後藤太兵衛

答 29

② 坂の上に白山の山号を持つ波着寺がある

旧白山町は1619(元和５)年、山号を「白山(しらやま)」とする白山信仰の寺として波着寺が小立野に建立され、門前に町がつくられたことに由来する。藩政期、波着寺門前と呼ばれていた町は1871(明治４)年、山号をとって白山町に改められた。白山坂は1934(昭和９)年に完成した。

答 30

③ 慶寧

1869年の版籍奉還により、加賀藩は金沢藩になり、加賀藩最後の14代藩主だった慶寧が金沢藩知事に就いた。藩庁は長町の長成連(ちょうなりつら)邸に置かれ、金沢藩は翌年、金沢の町を７つの郷に分けた。71年、廃藩置県が断行され、金沢県が誕生、慶寧は８月に東京に移った。

答 31

③ 奈良岳

奈良岳は金沢と白山市、南砺市にまたがり、「ならしたような平らな山」が山名の由来との説も。市には医王山(いおうぜん)(939メートル)、戸室山(548メートル)、キゴ山(546メートル)、卯辰山(141メートル)などの山もある。流紋岩(りゅうもんがん)からなる医王山には、トビに似ている鳶岩(とんびいわ)、大沼、三蛇(さんじゃ)ケ滝などがある。

答 32

② 富永佐太郎

大野庄用水は、２代藩主利長の家臣・富永佐太郎が天正年間(1573 ~ 92)に開削した。取入口は、犀川桜橋の上流右岸にあり、延長約10.2キロ、幅平均６メートル。一説には金沢城を築く際、木材などをこの用水を使って城下まで運んだことなどから「御荷川(おにかわ)」、「鬼川」とも呼ばれる。

野田山の加賀藩主前田家墓所は(　　)によって管理されている。

① 石川県　② 金沢市
③ 前田育徳会　④ 成巽閣(せいそんかく)

城下町金沢の街並みの中で、三茶屋街はひと際雅(みやび)な風情を醸し出している。かつて、これらの茶屋街のほかに(　　)の廓(くるわ)があった。

① 南　② 北　③ 紺　④ 紅

ＪＲ金沢駅もてなしドーム内の水路や噴水には(　　)用水の水が使われている。

① 鞍月　② 辰巳
③ 大野庄　④ 寺津

「金石」の地名の由来は、(　　)とされる。

① 金石という名の豪商がいたことにちなんでつけた
② 金沢市と石川郡の双方の頭文字をとってつけた
③ 海岸から金色に輝く石がとれたことからつけた
④ 故事「金石の交わり」にちなんでつけた

答 33

④ 成巽閣

約８万６千平方メートルの国史跡・前田家墓所は1587(天正15)年、藩祖利家の兄利久を葬ったのが始まりとされる。遺言により利家の墓がつくられ、以後、頂上付近には前田家一族の墓が、それから下方には家臣たちの墓がつくられた。明治維新後、金沢市に引き継がれたが、現在は成巽閣が管理している。

答 34

② 北

東山地区の「ひがし」、野町地区の「にし」、浅野川大橋の下流左岸に沿った「主計（かずえ）町」のほか、「北の廓」が明治期に旧松ケ枝町、栄町にでき、後に現在の白菊町、増泉１丁目付近に移転した。昭和40年代に消滅したが、全盛期には100人の芸妓（げいこ）を抱えていたという。

答 35

② 辰巳

辰巳用水は金沢城下を焼いた1631(寛永８)年の大火の翌年、３代藩主利常が板屋兵四郎に命じて完成させた。2010(平成22)年に国史跡に指定された区間は東岩取水口(上辰巳町)から兼六園までの全長約11キロのうち、約8.7キロ。市は近江町市場地下に分水装置を設けて駅まで流れるようにした。

答 36

④ 故事「金石の交わり」にちなんでつけた

加賀藩が1866(慶応２)年、宮腰（みやのこし）と大野を合併する際、対立が続く両町の融和を願い名付けたとされる。故事「金石の交わり」は固く結ばれた友情を意味する。加賀藩は融和策として両町の間にある砂山を開墾し、「相生町」をつくり、芝居小屋を建てるなどした。

旧町名のうち、武士の名前が由来ではないのは(　　)である。

① 品川町　② 下主馬(しもしゅめ)町

③ 馬場崎町　④ 成瀬町

金沢市と友好交流都市提携している東京都板橋区には、加賀1丁目、加賀2丁目があり、加賀藩の名残を感じさせる。加賀1丁目、加賀2丁目に、実際にないのは(　　)である。

① 金沢小学校　② 加賀中学校

③ 金沢文庫　④ 加賀公園

1884(明治17)年に焼失した「鼠多門(ねずみたもん)」が2020(令和2)年、鼠多門橋とともに復元工事が完成した。「鼠多門」は全国の城郭建築でも珍しい海鼠壁(なまこかべ)に(　　)が使われ、全体的に鼠色をしていることから、この名があるともいわれる。

① 鉛平瓦(ひらがわら)　② 黒平瓦

③ 墨塗り板　④ 黒漆喰(じっくい)

兼六園に現在ある「兼六園菊桜」は3代目であり、1つの花に最大300枚以上の花びらが付く珍しい品種である。2代目は曲水を背にして右側の木は京都の桜守が育てた菊桜だが、左側の木は(　　)から移された。

① 卯辰山　② 白鳥路

③ 犀川の桜橋付近　④ 戸板公民館

答37

③ **馬場崎町**

馬場崎町は藩政期、藩の老臣横山氏上屋敷の馬場の横通りを馬場先と呼んでいたことから1871(明治4)年、この名が付いた。品川町は藩士品川氏の邸地、下主馬町は鉄砲頭をしていた本庄主馬の邸地、成瀬町は藩重臣・成瀬氏邸地があったため名付けられた。

答38

③ **金沢文庫**

かつて加賀藩下屋敷があった板橋区加賀は、1965(昭和40)年の住居表示で「加賀1丁目」「加賀2丁目」に変更された。加賀中の校章は前田家の家紋「梅鉢」にちなんでおり、加賀公園には尾山神社神門をモデルとした記念碑が設置されている。金沢文庫は横浜市金沢区にある。

答39

④ **黒漆喰**

鼠多門は玉泉院丸に置かれた平入りの櫓(やぐら)門。先代藩主の隠居所などとして利用された金谷(かなや)出丸と玉泉院丸をつなぐ鼠多門橋に面していた。門の壁が鼠色から名付けられたとされるが、石垣築造の際にネズミが出てきたとする俗説もある。県は櫓1、2階の海鼠壁にある平瓦の目地(めじ)を黒漆喰とし、復元した。

答40

④ **戸板公民館**

2代目菊桜は大正期、示野町の住民が兼六園の初代菊桜(国天然記念物)の接ぎ木に成功して育てられた。後に戸板公民館に移された。戸板公民館は初代菊桜が枯れる前に県からの要請を受け、1963(昭和38)年に兼六園に移植。右側の木は京都の佐野藤右衛門が61年に譲り受けた初代の接ぎ穂から育った。2代目も枯死した。

問1

金沢城二の丸御殿にあった能舞台を活用した(　　)の拝殿は、2004(平成16)年に国の登録有形文化財となった。

① 中村神社　② 長田菅原神社
③ 豊田白山神社　④ 犀川神社

問2

尾﨑神社は、4代藩主光高が幕府の許しを得て金沢城北の丸に建てたもので、明治になって、現在の名に改称した。(　　)を主祭神としている。

① 織田信長　② 豊臣秀吉
③ 前田利家　④ 徳川家康

問3

「金沢五社」と呼ばれる江戸時代からある神社は、宇多須神社(旧名・卯辰八幡宮)、小坂神社(旧名・春日社)、神明宮(しんめいぐう)、安江八幡宮と(　　)である。

① 尾﨑神社　② 久保市乙剣宮(くぼいちおとつるぎぐう)
③ 椿原(つばきはら)天満宮　④ 金澤神社

問4

尾山神社の東神門は、旧金沢城二の丸にあった唐門で、貴重な(　　)御殿様式である。

① 桃山風　② 室町風
③ 京風　④ 唐風

答1

① **中村神社**

1759(宝暦9)年と1808(文化5)年の大火で焼け残った二の丸御殿の能舞台は1870(明治3)年、14代藩主慶寧(よしやす)が越後奥州の乱で戦死した加賀藩兵士の霊を祀(まつ)るため、卯辰山の招魂社に移された。その後、石引の石川護国神社新築の際、能舞台の価値が見直されて中村町の中村神社に移されたと伝えられる。

答2

④ **徳川家康**

北陸の東照宮(とうしょうぐう)と呼ばれる尾﨑神社は1643(寛永20)年、光高が曾祖父の家康(東照大権現(ごんげん))を祀(まつ)るため金沢城北の丸に建立した。明治維新後に金沢城が帝国陸軍の管轄となったことから、1878(明治11)年、現在地に移築された。権現(ごんげん)造りの朱塗りの社殿や中門、透塀(すかしべい)などが国の重要文化財に指定されている。

答3

③ **椿原天満宮**

五社すべてを参拝することは「五社参り」と言われる。天神町1丁目の椿原天満宮は菅原道真(みちざね)を祀(まつ)り、1297(永仁5)年、京都北野天満宮より勧請(かんじょう)した。その後、前田家の祈祷(きとう)所として金浦郷の総社となり、寛永年間(1624～44)、「椿原山」と称する現在地に移転、明治期には椿原神社に改称した。

答4

① **桃山風**

江戸時代後期に建築された東神門は、1963(昭和38)年に境内に移築され、2003(平成15)年には登録有形文化財に指定された。上部には神秘的な龍が彫刻され、一本の釘も使用されていない。1808(文化5)年、二の丸御殿の火災の際、唐門に施された2匹の龍が水を呼び、神門への類焼を免れたという伝説がある。

問5

のちに5代藩主綱紀となる犬千代の疱瘡（ほうそう）を平癒（へいゆ）したという「利常公酒湯（ささゆ）の井戸」があるのは(　　)である。

① 神明宮　　② 小坂神社

③ 宇多須神社　　④ 菅原神社

問6

寺町５丁目の天台真盛宗・西方寺（さいほう）には、その石を煎（せん）じて飲ませると、子の病気が治ると伝わる(　　)地蔵がある。

① 子泣き　　② 身代わり

③ 七稲（なないね）　　④ 飴（あめ）買い

問7

片町から長田方面に流れる大野庄用水を守護するとされる地蔵を祀（まつ）るのは(　　)である。

① 持明院（じみょう）　　② 養智院（ようち）

③ 雨宝院（うほう）　　④ 超雲寺（ちょううん）

問8

藩祖利家の重臣篠原一孝（かずたか）夫人によって建立された寺町４丁目の日蓮宗寺院は(　　)である。

① 実成寺（じつじょう）　　② 高岸寺（こうがん）

③ 蓮覚寺（れんかく）　　④ 妙法寺（みょうほう）

答5

③ 宇多須神社

東山1丁目の宇多須神社は浅野川の河辺から掘り出した古鏡に卯と辰の文様があり、卯辰神として祀(まつ)ったことが起こりとされる。藩祖利家没後、2代藩主利長が前身の卯辰八幡宮を建立した。境内奥手の井戸には綱紀が疱瘡を患った際、その水に酒を混ぜて体にかけたところ、治ったとの伝説がある。

答6

④ 飴(あめ)買い

西方寺は1584(天正12)年、前田利家の息女菊姫を弔う菩提寺として金沢城付近に建立され、1616(元和2)年に現在地に移築された。同寺には母親と共に葬られた赤子を地蔵が憐(あわれ)み、飴を買い与えて育てたという「飴買い地蔵」が山門前に安置され、地蔵堂も建てられた。

答7

② 養智院

大野庄用水は天正年間(1573～92年)に完成した金沢最古の用水とされ、養智院は片町2丁目の大野庄用水のそばにある。5代藩主綱紀がその辺りの寺院に転地を命じたところ、夢枕に養智院の地蔵が立ち、「用水を守るため移すな」と告げ、移転を思いとどまらせたという逸話が残る。

答8

④ 妙法寺

妙法寺は1573(天正元)年、円智院妙浄尊霊尼(えんちいんみょうじょうそんれいに)が開基した。利家の弟・佐脇藤八郎良之と豊臣秀吉の側室・淀(よど)君の乳母との間に生まれた息女で、利家の妻・お松縁戚の一孝の室となった。市指定天然記念物のドウダンツツジや藩医・内藤蘭州(らんしゅう)、歌舞伎の嵐冠者(かんじゃ)、俳人・杉原竹女(ちくじょ)の墓がある。

問 9

加賀八家(はっか)の１つである長家の菩提寺は(　　)である。

① 永福寺(ようふく)　② 玉龍寺(ぎょくりゅう)
③ 開禅寺(かいぜん)　④ 松山寺(しょうざん)

問 10

２代藩主利長の正室永姫(えいひめ)の菩提寺は野町３丁目の時宗(　　)である。

① 宝円寺(ほうえん)　② 如来寺(にょらい)
③ 天徳院(てんとく)　④ 玉泉寺(ぎょくせん)

問 11

寺町４丁目の日蓮宗立像寺(りゅうぞう)は、藩政時代に江戸で活躍した(　　)の墓があることで知られる。

① 剣術家富田重政(とだしげまさ)　② 絵師久隅守景(くすみもりかげ)
③ 横綱阿武松緑之助(おうのまつみどりのすけ)　④ 御算用者猪山直之(いのやまなおゆき)

問 12

かつて金澤寺と称していた東山２丁目の真言宗寺院は(　　)である。

① 真長寺(しんちょう)　② 永久寺(えいきゅう)
③ 宝幢寺(ほうどう)　④ 慈光院(じこう)

答 9

③ 開禅寺

野町３丁目の曹洞宗開禅寺は1599(慶長４)年、２代藩主利長と共に高岡から移転した。長家の菩提寺であり、６代善連（よしつら）、７代連起（つらおき）、８代連愛（つらよし）ら一族が葬られている。長連龍（つらたつ）の娘で、利長の養女となり、前田対馬守家（つしまのかみけ）２代当主・直知（なおとも）の継妻となった久香院（きゅうこういん）の墓もある。

答 10

④ 玉泉寺

玉泉寺は利長夫人で織田信長の５女・玉泉院(永姫)が、３代藩主利常に請うて創建した。玉泉院没後、玉泉寺と改め玉泉院の位牌所となる。境内奥には、玉泉院の供養塔と言われる五輪塔が残されている。日本のマッチ工業の創始者として知られる清水誠の墓もある。

答 11

③ 横綱阿武松緑之助

第６代横綱・阿武松緑之助は1791(寛政３)年、現在の能登町の農家に生まれた。当時は年２場所で、阿武松は優勝相当成績５回の記録が残る。立像寺の創建に３代藩主利常の祖母・寿命院の再婚先小幡家が木材を寄進した。和算家関孝和（せきたかかず）の墓や高山右近の「キリシタン灯籠（とうろう）」もある。

答 12

② 永久寺

現在の鶴来に創建された「一王寺」が加賀藩祖利家の命により、金洗沢（かなあらいざわ）(現在の兼六園・金城霊沢（きんじょうれいたく）)に移された。この際に金澤寺と改称し、以来歴代藩主の祈祷所となった。２代藩主利長の命で浅野川の川上に移されたが、1627(寛永４)年に３代藩主利常の命で現在地に移された。

14代藩主慶寧(よしやす)付き家老の松平大弐(だいに)の菩提寺は野町1丁目の蛤(はまぐり)坂上にある浄土宗(　　)である。

① 願念寺(がんねんじ)　**② 香林寺(こうりんじ)**
③ 棟岳寺(とうがくじ)　**④ 妙慶寺(みょうけいじ)**

世界的化学者・高峰譲吉ら高峰家の菩提寺は(　　)である。

① 曹洞宗月心寺　**② 曹洞宗大乗寺**
③ 臨済宗国泰寺(こくたいじ)　**④ 浄土宗心蓮社(しんれんしゃ)**

徳田秋声の実家の菩提寺である材木町の法華宗静明寺(じょうみょうじ)境内には、作家(　　)の筆による秋声の墓碑がある。

① 井上靖　**② 古井由吉**
③ 深田久弥(きゅうや)　**④ 吉田健一**

金沢ゆかりの建築家・谷口吉生(よしお)が設計した金沢生まれの世界的な仏教哲学者を顕彰する(　　)は、2011(平成23)年に開館した。

① 石川四高記念文化交流館
② 鈴木大拙館
③ 西田幾多郎記念哲学館
④ 金沢ふるさと偉人館

答13

④ 妙慶寺

大弐家は藩祖利家の家臣・松平康定（やすさだ）を初代とする。康定は利家と共に越中の佐々成政（さっさなりまさ）と交戦の折、極楽寺を本陣とし戦勝に寄与した。後に寺は康定に伴って金沢に移り妙慶寺と改名した。元日本バレーボール協会長で男子金メダル監督の松平康隆（やすたか）、国連日本３代大使の松平康東（こうとう）の先祖墓もある。

答14

③ 臨済宗国泰寺

六斗（ろくと）の広見に接する寺町５丁目の国泰寺山門前には「高峰譲吉博士菩提寺」と刻まれた石碑がある。明治期、高峰の寄進によって、広見に面した土塀が修復された。塀の瓦に高峰家の家紋「八ツ矢車」が彫られている。境内の秋葉権現（あきはごんげん）を祀（まつ）る堂は火ぶせの神として尊信される。

答15

① 井上靖

静明寺は1612(慶長17)年に建立された。1982(昭和57)年、東京で亡くなった秋声の骨が当寺院に分骨され、井上靖の揮毫（きごう）による秋声墓碑が建てられた。毎年11月に「秋聲忌」が営まれている。静明寺には、迫力あるトラの絵で知られる岸駒（がんく）の作品も残されている。

答16

② 鈴木大拙館

本多町３丁目に開館した鈴木大拙館は2011年10月18日、大拙の誕生日に合わせて開館した。「展示・学習・思索」の３つの空間を回廊で結ぶとともに、「玄関・露地・水鏡」の３つの庭で構成される。街中に在りながら深い静寂を味わえ、来館者が思索のひと時を過ごす。

（　　）にあり、「新しい金沢」をイメージしたステンレス製モニュメントの作者は金沢出身で文化勲章受章者の金属造形作家・蓮田修吾郎である。

① 金沢駅兼六園口
② 金沢駅金沢港口
③ 兼六園
④ いしかわ四高記念公園

問18

金沢学生のまち市民交流館の「交流ホール」は、市内にあった旧料亭（　　）の大広間の部材を用いて、新築された建物である。

① 石かわ　**② かわ中**
③ かわ新　**④ 西かわ**

問19

兼六園内にある旧津田玄蕃（げんば）邸は、現在は金沢城・兼六園管理事務所分室として使われているが、もとは（　　）に建てられていた。

① 広坂　**② 本多町**
③ 大手町　**④ 長町**

問20

広坂にあるカトリック金沢教会の聖堂正面のステンドグラスは、聖テレジア、聖フランシスコ・ザビエル、明智光秀の娘・細川ガラシャと並んで（　　）が描かれている。

① 大友宗麟（そうりん）　**② 小西行長（ゆきなが）**
③ 大村純忠（すみただ）　**④ 高山右近（うこん）**

答17

② **金沢駅金沢港口**

市制100周年の記念事業として1991(平成３)年に制作されたステンレス製のモニュメントは「悠颺(ゆうよう)」と名付けられた。悠颺とは「ゆったりと風で舞い上がる」の意味で、蓮田は「風が吹き上がるように発展してほしい」との願いを込めた。駅兼六園口(東口)には「鼓門(つづみもん)」と「もてなしドーム」がある。

答18

③ **かわ新**

2012年(平成24)年に片町２丁目で開館した金沢学生のまち市民交流館は、市指定保存建造物である金沢最大級の町家「旧佐野家住宅」を改修した「学生の家」と「交流ホール」からなる。交流ホールは、かつて犀川新橋のたもとに位置した「かわ新」の部材を活用して建築された。

答19

③ **大手町**

元々は大手町にあった１万石家老津田玄蕃邸の遺構で、1870(明治３)年に医学館となって以降、県金沢病院、金沢医学校、第四高等中学校医学部、金沢医学専門学校附属病院、乃木会堂などに使用。1923(大正12)年、兼六園に移され、県の「兼六会館」など多様な変遷をたどる。

答20

④ **高山右近**

カトリック金沢教会は1888(明治21)年に創立された。1959(昭和34)年に献堂された聖堂は北イタリアの教会がモデルとされ、ステンドグラスもイタリアで制作された。豊臣秀吉に追放され、前田家に身を寄せたキリシタン大名の高山右近は金沢城などの修築にも功績があった。

問21

現在、石川県政記念しいのき迎賓館として活用されている旧石川県庁舎本館の主な設計は、国会議事堂建設の責任者でもあった(　　)が担当した。

① **谷口吉郎**　② **丹下(たんげ)健三**

③ **矢橋賢吉**　④ **村野藤吾(とうご)**

問22

粟ケ崎遊園の建物の多くは、太平洋戦争中、陸軍の仮兵舎や軍需工場に転用されたのち、1951(昭和26)年の(　　)会場となったのを最後に、競売に付され解体された。

① **花と緑の博覧会**

② **産業と観光の大博覧会**

③ **宗教平和博覧会**

④ **オリンピック観光博覧会**

問23

石引の「本多の森ホール」(旧石川厚生年金会館)の場所は、かつて県営(　　)野球場だった。

① **兼六園**　② **百万石**

③ **本多**　④ **出羽**

問24

2005(平成17)年にアーケードが撤去され、「金澤表参道」として整備されたのは、(　　)商店街である。

① **竪町**　② **木倉町**

③ **横安江町**　④ **尾張町**

答21

③ 矢橋賢吉

旧石川県庁は1924(大正13)年、竣工した。設計は明治建築界三大巨匠の一人とされ、国会議事堂や旧総理大臣官邸、枢密院(すうみついん)庁舎なども手掛けた岐阜県出身の矢橋が担った。県内初の鉄筋コンクリート造り。建物の大部分は2002(平成14)年までの78年間使用された。

答22

④ オリンピック観光博覧会

粟ケ崎遊園は材木商の平澤嘉太郎(かたろう)が1925(大正14)年、内灘町と金沢市にまたがる6万坪(19万8千平方メートル)の砂丘地に建設した。劇場や動物園、大浴場、料亭を備え、少女歌劇団の人気から「北陸の宝塚」と称された。41年に閉園し、オリンピック観光博覧会後、建物は解体、移築された。

答23

① 兼六園

野球場は旧陸軍出羽町練兵場の公用地に、石川国体に合わせて1947(昭和22)年10月に完成した。当時は両翼85メートル、中堅90メートルだったが、その後、拡張された。73(同48)年、施設の老朽化や周辺の宅地化により撤去され、翌74年、西部緑地公園内に県立野球場が設けられた。

答24

③ 横安江町

横安江町のアーケードは1959(昭和34)年に設置され、総延長は約330メートル、高さ約8.9メートルだった。商店街のシンボルとして46年にわたり親しまれたが、維持費用がかさむなどの理由から撤去された。アーケードが造られる前は、ネオンのアーチが幾重にも取り付けられていた。

問25

1914(大正３)年、金石電気鉄道が電車を営業運転したのが、金沢の電車の始まりであり、大正時代の末に同社が(　　)を開業した。

① **金沢動物園**　② **涛々園**
③ **尾山倶楽部**　④ **白雲楼ホテル**

問26

加賀八家本多家に伝来する品々を展示する施設として1973(昭和48)年に開館した「藩老本多蔵品館」は、2015(平成27)年４月から(　　)と館名を変更し、いしかわ赤レンガミュージアムの一角に移転した。

① **加賀本多博物館**　② **本多家記念館**
③ **加賀八家記念館**　④ **本多歴史博物館**

問27

石川県文化財に指定されている広坂１丁目の県有施設(　　)は、旧加賀八家の１つである横山家の屋敷だった。

① **横山荘**　② **ときわ荘**
③ **城南荘**　④ **広坂荘**

問28

野町２丁目にある神明宮は、境内の大きな(　　)でも知られる。

① **ケヤキ**　② **タブノキ**
③ **スギ**　④ **マツ**

答25

② 涛々園

1925（大正14）年、「北陸の宝塚」とうたわれた総合娯楽施設・粟ケ崎遊園が浅野川電気鉄道によってオープンした。これに金石電気鉄道が対抗し、金石海岸に涛々園を開業した。浴場、食堂のほか、水族館も備え、26年には涛々園が現在の高校相撲金沢大会の会場となった。

答26

① 加賀本多博物館

加賀藩本多家は５万石を与えられた筆頭重臣である。徳川家康の重臣であった本多正信の次男・本多政重（まさしげ）を初代とする。加賀本多博物館の収蔵品は、加賀本多家に代々受け継がれてきた鎧（よろい）や兜（かぶと）、刀、槍（やり）などの武具類や調度品を中心に、前田家からの拝領品、古文書など多岐にわたる。

答27

③ 城南荘

城南荘は、横山家の13代当主・隆平（たかひら）が1894（明治27）年に建設した居宅の一部である。近くの知事公舎との間には、1854（安政元）年に建てられた、西洋流の火術が教授された加賀藩の洋式武学校「壮猶館（そうゆうかん）」の門が残る。知事公舎は1926（大正15）年、現在地に建てられた。

答28

① ケヤキ

金沢五社のうち、神明宮（お神明（しんめい）さん）の境内には、樹齢千年を超え県内最大級といわれる市指定保存樹第１号のケヤキがある。300年以上の歴史を持つ「あぶりもち神事」も有名。詩人中原中也は幼年期、この境内で見た軽業（かるわざ）を題材に、詩「サーカス」を作ったといわれる。

茶道が盛んな金沢には100以上の茶室がある。金沢21世紀美術館の敷地内には(　　)と山宇(さんう)亭がある。

① 耕雲庵(こううんあん)　② 松声庵(しょうせい)
③ 松涛庵(しょうとう)　④ 梅庵(ばい)

東山2丁目にある日蓮宗妙泰(みょうたい)寺には藩祖利家の孫・理松院(りしょういん)のために建てられた墓があり、この墓に願うと(　　)が治ると伝えられている。

① 頭痛　② 脚気(かっけ)　③ 腹痛　④ 歯痛

神奈川県鎌倉市にあり、1936(昭和11)年に建てられた旧前田侯爵(こうしゃく)家の別邸は、(　　)の本館として公開され、国の登録有形文化財となっている。

① 鎌倉歴史文化交流館
② 鎌倉文学館
③ 鎌倉国宝館
④ 神奈川県立近代美術館

現在は取り壊されてしまったが、かつて金沢の中心部にあった建物のうち、明治期の代表的な建築家で、東京駅、日本銀行の本店や金沢出張所などを設計した辰野金吾の設計によるものは(　　)である。

① 明治生命金沢支店　② 大同生命金沢支店
③ 日本生命金沢支店　④ 金沢市役所

答29

③ 松涛庵

松濤庵は元々、13代藩主斉泰が江戸に建てた隠居所「冨有園」の居間であり、前田家16代当主利為が茶室として整備し命名した。2005(平成17)年、金沢21世紀美術館の敷地内に移された。山宇亭は1951(昭和26)年に高岡市から本多町に移され、2005年に21美への移築の際、名付けられた。

答30

④ 歯痛

妙泰寺には1615(元和元年)、豊臣秀吉の養女となった利家の４女・豪姫と宇喜多秀家の間に生まれた子女・理松院を葬った墓がある。歯の痛い人が自分の箸を理松院の墓前に供えて願うと歯痛が治るとされ、歯痛平癒を祈願する人が絶えなかったといわれる。

答31

② 鎌倉文学館

広大な洋館と庭園は、藩祖利家の系譜である旧前田侯爵家の別邸である。1983(昭和58)年に鎌倉市に寄贈され、補修や増改築を経て85年に鎌倉文学館として開館した。鎌倉文士と呼ばれる川端康成や夏目漱石らの直筆原稿や愛用品なども所蔵され、庭園では多種のバラが咲き誇る。

答32

③ 日本生命金沢支店

日本生命金沢支店の建物は木造レンガ造りルネッサンススタイルで、赤レンガに白い花崗岩の帯が入り、屋根は碧っぽい王冠風だったが、1979(昭和54)に取り壊された。大同生命金沢支店の建物は、米国出身で、医薬品を広めるなど実業家でもあったW.M. ヴォーリズが設計した。

かつて金沢では、お正月料理として(　　)の煮浸しが欠かせないといわれていたが、近年はその風習を伝える家庭も数少なくなったようだ。

① アユ　② タイ　③ フナ　④ ブリ

金沢の春祭り、秋祭りに欠かせない押しずしに使う魚は主に、春はイワシやアジ、秋は(　　)やシイラである。

① タイ　② サバ　③ エビ　④ マグロ

問3

薄く筒切りにしたアユを、酢にしばらく浸けたあと、大根おろしと混ぜたものを「鮎の(　　)」という。

① そろばん　② 酢じめ

③ さっぱり和え　④ たたき

金沢で「鱈の子付け」と言えば(　　)のことである。

① 煮物　② 焼き物

③ 揚げ物　④ 刺身

答1

③ フナ

フナはかつて貴重なタンパク源で、庶民にとっては高級魚であった。河北潟には専業の漁師がいたほど常食されていた。フナの煮浸しは、金沢の正月に欠かせない一品で、生きたフナを買い盥(たらい)やいけすで数日間泥を吐かせてから、酒、みりん、しょうゆなどで味付けし調理した。

答2

② サバ

地域により違いはあるものの、秋祭りには主にサバやシイラが使われる。押しずし専用の道具もあり、しっかりと押しを利かせるのが金沢の押しずしの特徴である。専用の道具を使う際には、押す時にすし飯が段ごとにくっつかないように、経木(きょうぎ)(薄い板)、昆布、笹の葉などを敷く。

答3

① そろばん

料理の種類としては酢の物であり、並んだ切り身が算盤(そろばん)の珠(たま)に似ていることから名付けられたとされる。全国的には、川魚の刺身はあまり好まれず、アユを筒切りにして小麦粉、または片栗粉をまぶして揚げ、加減酢や南蛮酢などに漬けた揚げ物料理の一種を指すこともある。

答4

④ 刺身

マダラの刺身である。鮮度が落ちるのが早いタラは、火を通して食べるのが一般的であるが、新鮮なタラが調達できる県内では刺身や昆布じめで食べることも多い。「鱈の子付け」は、酒と塩でうす味に味つけしたタラの真子(まこ)のいり煮がまぶされており、いり酒(酒と梅干し)をつけても食べられる。

重さ約500グラムから約1.5キロにまで成長したブリの幼魚を、金沢では「フクラギ」と呼んでいるが、その語源は(　　)だと伝えられている。

① めでたい魚であり、フクラは「福来」の意味から
② 魚の形が「ふっくら」しているから
③ 人の足のふくらはぎの形に似ているから
④ 袋に入れて持てるような大きさだから

「だら(馬鹿)豆」とも言われる加賀野菜の「加賀つるまめ」は(　　)のことである。

① ナタマメ　② サヤエンドウ
③ ヒヨコマメ　④ フジマメ

問7

加賀野菜の加賀太きゅうりは昭和前期に栽培が始まったが、当初の色や形はウリに近く、のちに近在の(　　)との自然交雑によって現在の格好になった。

① 金沢節成りキュウリ
② 加州節成りキュウリ
③ 梅鉢節成りキュウリ
④ 打木節成りキュウリ

金沢の伝統野菜の一つで、金沢市御所町などで栽培されているサトイモは「(　　)里芋」と呼ばれている。

① 御所　② 伝燈寺
③ 夕日寺　④ 山王

答5

③ 人の足のふくらはぎの形に似ているから

本来の語源は、小型のブリの形が人の足の「ふくらはぎ」に似ており、「ふくらはぎ」が「フクラギ」に変化したと伝えられている。ブリは出世魚としてよく知られており、「めでたい魚であり、フクラは『福来』の意味から」は、語源を知らない人たちが縁起をかついで勝手に作り上げたと考えられる。

答6

④ フジマメ

フジマメには白花種と赤花種とがあり、金沢では白花種が多く栽培されている。フジマメには地方名が多く、県外ではセンゴクマメ、マンゴクマメと呼ぶところもある。別称の「だら(馬鹿)豆」は一説によると、「だら(馬鹿)みたいに多く採れる」収穫量から付いたとされる。

答7

① 金沢節成りキュウリ

加賀太きゅうりは、昭和の初めに東北地方の短太系キュウリの種子栽培が金沢で行われるようになったのが始まりといわれている。その後、元々栽培されていた金沢節成りキュウリとの自然交雑で誕生し、三角形から丸みのある形になり、色も濃緑色へと変化し、1952(昭和27)年頃に現在の加賀太きゅうりができた。

答8

② 伝燈寺

地元の伝承によると、300年以上前に地元・伝燈寺に京都から来た僧侶が広めたのが発祥とされる。この近辺の土地は水はけが悪く、米の代わりにサトイモの栽培を行ったのが始まりだという。一般的なサトイモよりもかなり大型で、甘味や粘りが強く、もっちりした特徴がある。

問9

加賀藩の料理人舟木伝内包早は、大名の包丁人としてのレシピ集の圧巻「ちから草」を著し、また息子の安信とともに食材百科と言える「(　　)」を編んだ。

① 力草聞書　② 式正膳部集解

③ 料理無言抄　④ 五節句集解

問10

現代でも茶懐石などに用いられる(　　)とは、ナマコに砂糖の入ったきな粉をまぶした料理である。

① くちこ煮　② ひすい煮

③ じぶ煮　④ ふと煮

問11

加賀藩の藩主や家族の食事を作った御料理人の最高位は(　　)である。

① 御料理奉行　② 御膳方奉行

③ 御料理頭　④ 御膳方頭

問12

金沢が京都、(　　)と並んで「日本三大菓子処」といわれるのは、古くから茶の湯が盛んで、現在でも菓子の需要が多く、職人の技術も優れているためとされる。

① 松江　② 萩　③ 岡山　④ 鎌倉

答 9

③ 料理無言抄

「料理無言抄」は、舟木伝内包早・安信父子が1729(享保14)年に著した秘蔵の食材百科で、9冊から成り、全国の魚類・鳥類・獣類など約460種の産地・知見を収録している。「力草聞書」「式正膳部集解」「五節句集解」はいずれも子息の安信が著した料理書である。

答 10

④ ふと煮

ふと煮は、煮て軟らかくした干しナマコをブツ切りにし、砂糖を混ぜたきな粉をまぶす。舟木安信が著したレシピ集とも言える「料理の栞(しおり)」には「松(しょう)雲院(うんいん)様(5代藩主綱紀)召し上がられそうろう。一段とよろしいとおっしゃられ、子息や女中も召し上がった」という趣旨の記述がある。

答 11

③ 御料理頭

御料理人は藩から任命された者が就き、御料理頭はその頂点である。1697(元禄10)年に長谷川宇左(うざ)衛門(えもん)が初めて任命され、以降33人がその地位に就いた。舟木伝内包早の次男安信は1766(明和3)年に13代目の御料理頭に就いた。父の包早は新参者から努力して2人目の御膳方棟取(とうどり)に就いている。

答 12

① 松江

茶道と菓子は密接な関係があり、京都、金沢、松江は、古くから茶の湯の伝統が根付いている。金沢は加賀藩祖・利家以来、歴代藩主が好んだ茶の湯の文化が現代も息づいている。松江藩の7代藩主・松平治郷(はるさと)は、「不昧(ふまい)」と号した大名茶人で、「不昧流」という茶道を完成させた人物でもある。

問13

加賀野菜を使った加工品の一つで、夏の菓子として寒天を使って作る(　　)は、今でも伝統菓子として人気がある。

① **葛(くず)まんじゅう**　② **米(よね)まんじゅう**

③ **蓮根羹(はすねかん)**　④ **芋羊羹(いもようかん)**

問14

金沢を代表する菓子の一つ「じろあめ」は、米と(　　)だけで作る水あめで、やさしい甘さが特徴である。

① **米麹(こうじ)**　② **麦芽(ばくが)**

③ **和三盆糖**　④ **ざらめ**

問15

金沢おでんの種の一つ(　　)は、油揚げの中に鶏ひき肉や玉ネギ、ニンジンなどを混ぜ合わせた肉ダネを詰めたものである。

① **肉いなり**　② **きんちゃく**

③ **ばくだん**　④ **かやく揚げ**

問16

金沢の「ハレの日」に欠かせない「おたふく豆」は、(　　)を甘く煮た縁起物として知られる。

① **キントキマメ**　② **ソラマメ**

③ **レンズマメ**　④ **ウズラマメ**

答13

③ **蓮根羹**

蓮根羹は、加賀野菜の加賀れんこんを粗くすりおろし、寒天、砂糖、水を混ぜ合わせて加熱するシンプルな製法で豊かな風味を引き立てる。シャキシャキとした食感と、きれいな乳白色が特徴である。秋が深まるにつれてレンコンの色が濃くなり粘り気を増すことから、作られる期間は長くない。

答14

② **麦芽**

じろあめの歴史は古く、今も金沢市内に店舗を構えるあめ屋の初代が1830(天保元)年に作ったのが始まりとされる。飢饉で赤ちゃんに飲ませる乳が出ない母親を哀れんだ初代が、赤ん坊に食べさせられる栄養のある食べ物をつくろうと苦心して考え出したという。

答15

① **肉いなり**

「金沢おでん老舗50年会」によると、金沢おでんの定義は「おでんのネタに地元金沢の食材を使っている」「1年を通して食べることができる」である。金沢おでんの具にはほかに、魚肉やエビのしんじょ、ばい貝、車麩（くるまぶ）、赤巻き、ふかし、かに面、玉子巻きなどほかの土地では見られないものも多い。

答16

② **ソラマメ**

金沢の正月や祭り、結婚式などの祝い事に「おたふく豆」がよく使われる。ふっくらとした「お多福」のような形が幸福を招いてくれそうな縁起物とされる。大粒の乾燥したソラマメを水で戻し、砂糖や水飴で煮上げる。お節料理として黒豆が知られるが、金沢ではおたふく豆も好まれる。

金沢の雑煮は、味付けと餅の形が(　　)の伝統を守る家が多く、関東地方の雑煮に似ている。

① 白みそに丸餅　② 白みそに角餅
③ すまし汁に丸餅　④ すまし汁に角餅

金沢の土産や贈答品として、昔からゴリや(　　)の佃煮は有名である。

① フキ　② ギンナン
③ クルミ　④ クリ

問19

金沢の焼き麩(ふ)の一つである(　　)を使った、昔ながらの代表的な料理は卵とじである。

① 車麩　② すだれ麩
③ よもぎ麩　④ 手まり麩

問20

1957(昭和32)年に金沢を訪れ、「加賀料理」という言葉を使った人物は(　　)である。

① 北大路魯山人　② 五木寛之
③ 吉田健一　④ 丸谷才一

答17

④ **すまし汁に角餅**

県内の雑煮の味付けは、一部地域を除いて昆布でだしを取り、醤油で味を整えるすまし仕立てが主流である。餅の形は元々、金沢でも丸餅であったが、３代藩主利常の正室珠姫（たまひめ）の輿（こし）入れ以来、江戸の角餅が広まり、セリと鰹節（かつおぶし）のシンプルな具材も関東にならったとされる。

答18

③ **クルミ**

カジカゴリは、以前には市内を流れる犀川、浅野川の上流でよく捕れたため、ゴリ料理のほかに佃煮も金沢の珍味として定着した。クルミの佃煮（飴煮）も昔から金沢の味として多くの人たちに好まれており、お節料理から前菜、おやつにもなった。文豪・泉鏡花も自慢し、エッセイに書いている。

答19

① **車麩**

麩は、小麦粉の中のグルテン（タンパク質）が主原料であり、金沢は京都と並んで生麩・飾り麩の産地として知られる。車麩は、長い棒に麩の生地を巻いてバウムクーヘンのように回転させながら直火焼きする工程を３回ほど繰り返して作るもので、長い歴史がある。

答20

③ **吉田健一**

金沢の料理の特徴の一つに料理と器が織り成す絶妙な調和がある。「加賀料理」という言葉は、1957（昭和32）年に文藝春秋の取材で金沢を訪れた文人・吉田健一（吉田茂元首相の長男）が初めて使ったとされている。吉田健一は、亡くなるまでの約20年間、冬になると決まって金沢を訪れるようになったという。

問21

金沢の町家の設備や装置としてふさわしくないのは(　　)である。

① 下がり　　② 式台

③ 袖うだつ　　④ 火袋

問22

兼六園の雪吊りは、毎年11月1日に(　　)から作業が始まる。

① 唐崎松(からさきのまつ)　　② 根上松(ねあがりのまつ)

③ 姫小松(ひめこまつ)　　④ 末森松(すえもりまつ)

問23

金沢市内を流れる用水はかつて、ダイコンなどを洗う生活用水としても利用された。そうした用水沿いの専用の洗い場を(　　)といい、今も残っている。

① アライバ　　② アゲバ

③ ナガシ　　④ コウド

問24

長町武家屋敷跡など金沢の古い町には、冬季に下駄の歯の間に挟まって取れない雪を落とす(　　)が残っている。

① ガッパ石　　② ゴッポ石

③ アシダ石　　④ シカン石

答21

② 式台

式台はもともと、武家住宅などで身分の高い客を迎えたり、草履（ぞうり）などを履かずに駕籠（かご）に乗るための板張りの部分を指す。下がりは、日差しや 風雪を 遮（さえぎ）るため 庇（ひさし） につける装置で、袖うだつは、2階外壁の隣家と接する部分に、火災の時延焼を防止するために設置する。火袋は、吹き抜けの部分である。

答22

① 唐崎松

唐崎松は、霞（かすみ）ケ（が）池（いけ）北岸にあるクロマツで、13代藩主斉泰（なりやす）が近江八景の一つ琵琶湖畔の唐崎松から種子を取り寄せて育てた。低く広がった枝が水面に美しい影を落とし、兼六園内で最も枝ぶりの見事な松とされる。唐崎松などの雪吊りは、松の木の中心から放射状に縄を張る「りんご吊り」が行われる。

答23

④ コウド

コウドは漢字で「川処」と書き、水面に近づけるよう用水に段を設けた施設で、大野庄用水や鞍月用水などで見ることができる。昭和30年頃までは近隣の主婦らが野菜を洗ったり、洗濯をする姿が見られた。地域のきずなを確かめ合うことができるコミュニティーの場でもあった。

答24

② ゴッポ石

靴が普及するまでの履物は、下駄か草履だった。冬季、下駄の歯の間に挟まって取れなくなった雪を金沢の方言で「ゴッポ」と言い、歩きにくさを解消するため玄関先などに「ゴッポ」を落とすため下駄を打ちつける石を置いていた。今も歴史のある街角や老舗の玄関先などに残っている。

三茶屋街などで見ることができる金沢独特の木格子を一般にキムスコと言い、「(　　)」がその語源とされる。

① 生息子　② 君簀子
③ 木虫籠　④ 避蒸戸

東山１丁目の観音院で毎年８月に営まれる(　　)は、境内で売られているトウモロコシを玄関などに吊るしておくと厄除けになるとの言い伝えがある。

① 四万六千日（しまんろくせんにち）　② 唐黍（とうきび）まつり
③ 千日回峰行（かいほうぎょう）　④ 万歳楽土（まんざいろくと）

問
27

金沢では、着物通（つう）の間で金沢の和装文化を象徴する粋（いき）な装飾として(　　)が受け継がれている。

① 花家紋　② 加賀紋
③ 伊達紋　④ 華小紋

愛らしい郷土玩具の加賀八幡起上（はちまんおきあが）りは、安江八幡宮の祭神である(　　)の生まれた時の姿をモチーフに作られている。

① 前田利家　② 源頼朝
③ 応神天皇　④ 仁徳天皇

答25

③ 木虫籠

「キムシコ」とも言い、金沢の町家の特徴である格子の割付が細かい出格子を指す。木虫籠は、1間幅(1.8メートル)に70本以上の竪子が入り、その断面を台形にすることで室内から屋外がよく見え、屋外から室内は見えづらくなっている。見た目の美しさだけでなく、機能面でも優れている。

答26

① 四万六千日

四万六千日は、観世音菩薩の縁日のうち特に4万6000日分の功徳(くどく)が得られるとされる功徳日のことで、歴史がある。東京の浅草寺、鎌倉の長谷観音などもよく知られている。観音院の厄除けはトウモロコシであるが、寺により境内でホオズキや飴、護符が売られるところもある。

答27

② 加賀紋

加賀紋は、加賀国の人が多く用いたところから名付けられた。吉祥(きっしょう)文様などを色差しした美麗な家紋で、加賀友禅の技法を中心に生み出され藩政時代から受け継がれてきた。花鳥、山水、文字などを図案化した伊達紋は文様の一部として扱われ、家紋の代わりにはならない。

答28

③ 応神天皇

「八幡さん」は、中世には軍神としてあがめられた第15代の応神天皇をまつる神社のことである。加賀八幡起上りは、誕生時の深紅の産着に包まれ顔だけを出した八幡さん(応神天皇)の姿を形取った人形で、縁起ものとして親しまれてきた。1955(昭和30)年の年賀切手に採用され全国に知れ渡った。

金沢の伝統芸能の一つである獅子舞は、「(　　)」とも言われる勇壮な舞が特徴で、棒振りは長い毛のついたシャンガンをかぶる。

① **殺し獅子**　② **一騎獅子**

③ **果し獅子**　④ **勝負獅子**

小立野地区の旧上野町に伝承される「餅つき踊り」は、(　　)に由来すると言われている。

① **藩祖利家の金沢入城**
② **３代藩主利常の世子（せいし）誕生**
③ **６代藩主吉徳（よしのり）のお国入り**
④ **14 代藩主慶寧（よしやす）の卯辰山開拓**

問
31

加賀の大社として歴代藩主や庶民の信仰が篤かった(　　)は、金沢の左義長（さぎちょう）の元祖と伝わる。

① **宇多須神社**　② **神明宮**

③ **小坂神社**　④ **大野湊神社**

金城霊澤（きんじょうれいたく）には芋掘り藤五郎（とうごろう）の伝説から「(　　)」の別名があり、一説には「金沢」の地名はこの泉に由来すると伝えられている。

① **芋洗沢（いもあらいざわ）**　② **砂金沢（さきんざわ）**
③ **金乃沢（きんのさわ）**　④ **金洗沢（かねあらいざわ）**

答29

① **殺し獅子**

金沢の獅子舞は、豪華な獅子頭と囃(はや)し方がすべて入ってしまう大きな蚊帳(かや)で構成されている。「殺し獅子」と呼ばれ、演技する棒振りは武術の技を取り入れ、木製の棒、太刀などの武具を持って最後に獅子を討ちとるところが大きな特徴である。起源は定かではないが、江戸時代後期に激増したとされる。

答30

① **藩祖利家の金沢入城**

市指定無形民俗文化財の「上野餅つき踊り」は、1583(天正11)年に藩祖利家が七尾城から金沢城に移った際、住民が餅をついて献上し、祝ったのが始まりとされる。藩政期は12月行事の1つで、町内の各家の長男によって継承され、城内や屋敷などに呼ばれて、餅をつき踊ったという。

答31

② **神明宮**

京都などでは鎌倉時代には行われていたとされる左義長だが、金沢では藩政時代を始まりとする。かつて、正月に金沢城内の諸門や藩主の居間などに掛けられた注連縄(しめなわ)を神明宮に運び、寺社奉行立ち会いで焼くのが慣例だったという。それが金沢の左義長の元祖であるとされている。

答32

④ **金洗沢**

金城霊澤は、兼六園随身坂(ずいしんざか)付近の金澤神社のそばにあり、古くは「金洗(かなあら)いの沢(さわ)」と呼ばれていたとされるが、金澤神社伝来の棟札では1794(寛政6)年には「金城霊澤」と記されている。12代藩主斉広(なりなが)が井戸胴を造り、瓦屋根で宝形造りの覆屋(おおいや)をかけて現在の形となった。

問1

虎を描かせれば右に出る者はいない、と言われた絵師の(　　)は、金沢城二の丸御殿のふすま絵も手がけた。

① **長谷川等伯**　② **岸駒(がんく)**

③ **円山応挙**　④ **狩野探幽**

問2

加賀八家(はっか)前田土佐守家の家老だった(　　)は「加州金平鉱山図絵巻」や前田直躬(なおみ)の画像を描いた。

① **佐々木泉景(せんけい)**　② **梅田九栄**

③ **矢田四如軒(しじょけん)**　④ **福島秀川(しゅうせん)**

問3

加賀藩の御用絵師を務めた、与兵衛を初代とする(　　)は、幕末の10代に至るまで続き、各代が金沢城二の丸御殿や金谷御殿、竹沢御殿の障壁画制作などに従った。

① **矢田家**　② **佐々木家**

③ **岸家**　④ **梅田家**

問4

加賀蒔絵の基礎を築いたのは、京都から招かれた初代、二代の五十嵐道甫(どうほ)と、主として江戸で加賀藩御用を務めた(　　)である。

① **原羊遊斉(はらようゆうさい)**　② **清水九兵衛(くへえ)**

③ **小川破笠(はりつ)**　④ **椎原市太夫(しいはら)**

答1

② 岸駒

岸駒は越中に生まれ、金沢で裁縫業を営む家に養われ、後に京へ上って絵筆で身を立てるようになった。有栖川宮（ありすがわのみや）に見出され、画家としての最高位に。迫力ある画風を武器に、京都では丸山派、四条派に対抗する勢力を築いた。徳田秋声の墓碑がある材木町の静明寺にも作品が残されている。

答2

③ 矢田四如軒

矢田四如軒の諱（いみな）は広貫。狩野派を学んだとされ、肖像画や頂相（ちんぞう）（禅宗の高僧の肖像）を得意とした。加賀騒動で有名な前田直躬やその子、直方に仕えた。躍動感あふれる筆致が特徴で、夕日寺町観音堂の「板地彩色絵馬額面」は、金沢市指定有形文化財になっている。

答3

④ 梅田家

与兵衛は金沢から江戸に出て、江戸幕府奥絵師の狩野尚信に師事。以後10代九栄まで連綿と狩野派の画系を守った。６代九栄は10代藩主重教の肖像を描いたことで知られる。８代九栄は、焼失した金沢城二の丸御殿の再建に携わり、小書院・居間一の間の格天井、杉戸絵などを手掛けた。

答4

② 清水九兵衛

清水九兵衛は加賀藩３代藩主前田利常に招かれ、御用絵師となった。「柳景（りゅうけい）」と号した。清水家は代々京都にあって前田家の呉服御用を務めた家柄であったが、九兵衛は江戸で蒔絵の技法を習得し、その技術には早くから定評があった。代表作は国重要文化財の「和歌浦蒔絵見台（わかのうらまきえけんだい）」。

問5

金沢漆器の加飾の技法には、漆が乾かないうちに金や銀の粉をまく「加賀蒔絵」のほか、貝殻を文様に張り付ける(　　)など多くの種類がある。

① 螺鈿（らでん）　② 平文（ひょうもん）　③ 沈金　④ 調漆

問6

金沢漆器の素地の形成技法として、木材をろくろで成形する手法を(　　)という。

① 挽物（ひき）　② 曲物（まげ）　③ 指物（さし）　④ 髹漆（きゅうしつ）

問7

蒔絵の人間国宝・寺井直次は、ウズラの卵の殻を使った(　　)の技法に秀でていた。

① 卵胎　② 卵殻　③ 金胎　④ 漆殻

問8

金沢生まれの漆芸の人間国宝(　　)は、木工の曲（まげ）物技法を独自に応用した作風を確立した。

① 佐治賢使（さじただし）　② 小松芳光（ほうこう）
③ 松田権六（ごんろく）　④ 赤地友哉（ゆうさい）

答5

① **螺鈿**

螺鈿の貝殻には、夜光貝やアワビなどが用いられ、真珠のような美しい輝きを放つ。「平文」は金や銀の薄い板を文様の形に切り張りし、漆で塗り埋めて研ぎ出す技法。「沈金」は漆塗面の線刻した文様部に金粉を埋め込む。「調漆」は色漆を塗り重ねて厚い層を作り、その層に文様を彫る。

答6

① **挽物**

「挽物」は木材をろくろで回転させながら、刃物で椀や鉢､盆などの丸い器物を削り出す技法のこと。「曲物」は木材を曲げてつなぎ合わせる。「指物」は平らな板を組み合わせる。素材には木材のほかに、金属や籐(とう)、プラスチックなども使用される。素地ができたら塗り、加飾などを経て完成となる。

答7

② **卵殻**

寺井直次は卵殻(らんかく)技法を駆使して漆では出ない白を表現、独創的な世界を創造した。また、理化学研究所で金属に漆を塗る研究に従事した経験を活かし、アルミニウムを用いた金胎(きんたい)漆器を完成させた。母校・県立工業高校の教頭、輪島漆芸技術研修所の初代所長を務めるなど後進の育成にも尽くした。

答8

④ **赤地友哉**

曲物は、ヒノキやアテなど柾目の薄板を曲げて円形や楕円形の容器を作る技術。赤地友哉は幅の狭い板を曲げて作った輪を積み重ね、鉢状に組み上げた作品で注目を集めた。こうした「曲輪(まげわ)」をまとめて塗り固める手法も編み出し、1974(昭和49)年人間国宝「髹漆(きゅうしつ)」の保持者に認定された。

問 9

優れた感性と技量で加賀友禅を芸術の域にまで高め、1955(昭和30)年に、重要無形文化財保持者(人間国宝)となったのは(　　)である。

① 中儀延(よしのぶ)　② 木村雨山
③ 談議所栄二　④ 和田雲嶂(うんしょう)

問 10

加賀友禅には、模様を手描きによって染める手描き友禅のほかに、板場友禅とも称する(　　)の工法がある。

① 型友禅　② 文友禅
③ 置友禅　④ 版友禅

問 11

経済産業大臣が指定する伝統的工芸品で、金沢ゆかりの業種には、加賀友禅、加賀繡(ぬい)、金沢仏壇、金沢箔、金沢漆器と(　　)がある。

① 加賀象嵌(ぞうがん)　② 九谷焼
③ 加賀水引　④ 加賀竿(さお)

問 12

藩政後期、金沢で短期間ながら生産が行われた春日山窯を開いたのは(　　)である。

① 青木木米(もくべい)　② 粟生屋(あおや)源右衛門
③ 永楽和全　④ 小栗孝三郎

答9

② 木村雨山

1955年は人間国宝の認定が始まった年。県出身者では、ほかに松田権六(蒔絵)と初代魚住為楽(銅鑼)、前大峰(沈金)が認定された。金沢生まれの木村雨山は1966(昭和41)年に紫綬褒章、1976(同51)年には勲三等瑞宝章を受章している。加賀友禅の中興の祖とも称される。

答10

① 型友禅

型友禅とは、友禅板という長板の上に白生地を張り伸ばし、模様や色ごとに置く型紙を変えながら、ヘラで色糊をしごくようにつけて染め上げる技法である。この作業場を板場と呼ぶところから、手描きではなく、型紙を使う友禅を、板場友禅とも呼ぶようになった。

答11

② 九谷焼

九谷焼のルーツは、江戸時代初期に現在の加賀市山中温泉から奥の山間地・九谷で焼かれた色絵磁器の「古九谷」にある。加賀藩の支藩である大聖寺藩九谷で焼物にあった陶石が発見され、肥前国有田で陶芸を学んだ後藤才次郎が1655(承応4、明暦元)年ごろに最初の窯を開いたとされる。

答12

① 青木木米

春日山窯は10年余りで閉じられたが、その後、加賀藩士武田秀平が民山(みんざん)窯を開いた。さらに、加賀南部に新しい窯が次々興こり、これらを総称して再興九谷と呼んでいる。加賀藩では磁器生産の気運が広まり、春日山窯の呉須赤絵写しは、その後の「加賀赤絵」の発展に影響を与えた。

問13

明治初期から貿易商として九谷焼や銅器などの輸出を手がけた（　　）は、盛んに万国博覧会への出品を行うなど、今日の工芸産業発展の基を築いた。

① 円中孫平（まるなか）　② 長谷川準也
③ 老子次右衛門（おいご）　④ 前田肇

1920（大正９）年、二代（　　）が金沢・野町に窯を開くなど、大正期以降、古典的な作風をもとにしながらも芸術性を打ち出した個性的な九谷焼が登場するようになる。

① 利岡光仙　② 竹田有恒
③ 須田菁華（せいか）　④ 北出塔次郎

大樋焼は金沢で江戸初期から続く焼き物で、（　　）色のねっとりとして柔らかく温かみのある風合いに特徴がある。

① 黄　② 飴　③ 緑　④ 青

江戸後期になると、大樋焼のほかにも陶器制作が興って、医師だった（　　）や尾山屋伊八らも茶陶などの佳品を焼いた。

① 板谷波山　② 山本与興（よこう）
③ 諏訪蘇山（すわそざん）　④ 原呉山（ごさん）

答13

① 円中孫平

九谷焼は明治期になると海外で人気を博した。1873(明治6)年にオーストリア=ハンガリー帝国で開かれたウイーン万博で注目を集め、「ジャパン・クタニ」として日本からの輸出品の目玉となった。富裕層向けの大型の花器やランプ台が目立ったが、コーヒーカップなどの洋食器もあった。

答14

① 利岡光仙

選択肢の須田菁華(初代)は、北大路魯山人に陶芸の手ほどきをしたことでも知られる。竹田有恒は金箔の上に釉薬をかける「釉裏金彩(ゆうりきんさい)」の技術を創始。北出塔次郎は日本芸術院賞を受賞し、金沢美術工芸専門学校(現金沢美術工芸大学)教授として後進の育成にも尽力した。

答15

② 飴

大樋焼は、茶道裏千家の祖・千仙叟(せんそう)宗室が1666(寛文6)年、金沢を訪れる際に京都から伴った楽焼の陶工・長左衛門が、金沢の北方、大樋村に築いた窯が始まり。「飴釉茶碗　銘聖」は、「飴釉手付水指」「大樋焼烏香炉」とともに県指定文化財の指定を受けた、初代長左衛門の代表作である。

答16

② 山本与興

山本与興は加賀八家(はっか)村井家のお抱え医師で、楽家3代道入に私淑した。代表作に「瓢文赤茶碗」(市立中村記念美術館)。板谷波山は石川県工業学校(現県立工業高校)で教鞭をとり、工芸家として初めて文化勲章を受章した。原呉山は幕末の金沢の陶工。諏訪蘇山(初代)はその門下である。

問17

刀装金具や鐙(あぶみ)などで名高い(　　)は、ある金属に別の金属をはめ込む精緻(せいち)な技を駆使した華麗な文様表現が特徴である。

① 後藤金工　② 加賀蒔絵
③ 白銀細工　④ 加賀象嵌(ぞうがん)

問18

加賀象嵌職人には、刀装金具を主とする(　　)と、馬具である鐙(あぶみ)に象嵌をする鐙師の2系統があった。

① 柄巻師(つかまきし)　② 鞘師(さやし)
③ 鍔師(つばし)　④ 白銀師(しろがねし)

問19

金沢卯辰山工芸工房では、陶芸、漆芸、染、ガラス、(　　)の5つの工房が運営されている。

① 彫刻　② 竹細工
③ 金工　④ 木工

問20

初代宮崎寒雉(かんち)は、裏千家の千仙叟宗室の指導を受けて前田家御用の釜師として茶の湯釜をつくった。代表作に石川県指定文化財に指定されている(　　)がある。

① 乙御前釜　② 焼飯釜
③ 雲龍釜　④ 大講堂釜

答17

④ **加賀象嵌**

加賀象嵌の基礎を築いた彫金の名門として後藤家が知られている。上後藤家と下後藤家があり、両家は交代で前田家の調度品などを作った。中でも下後藤家の後藤程乗は有名。兼六園の茶室・夕顔亭の「伯牙断琴の手水鉢」など優れた作品を残し、加賀藩細工所での指導にもあたった。

答18

④ **白銀師**

加賀象嵌は、金属を下地に使い、埋め込んだ金や銀などの金属が抜けないよう、表面より底の方が広い台形となるように彫る「平象嵌」が特徴。堅牢で優美な工芸として全国に知られた。金沢市の白銀町は、かつて白銀師が住んでいたことにちなむ町名といわれている。

答19

③ **金工**

金沢卯辰山工芸工房は1989(平成元)年11月1日、金沢市制100周年記念事業として設立された、工芸の技術研修者の育成機関。金沢工芸の源流である加賀藩御細工所の精神と役割を受け継ごうという理念を持つ。研修生たちが創作活動を行う工房棟と、本館棟、交流棟などがある。

答20

② **焼飯釜**

宮崎寒雉は現在の穴水町中居出身の鋳物師(いもじ)だったが、仁右衛門吉綱が藩祖利家に招かれ、武具を制作するようになった。吉綱の孫の彦九郎義一は5代藩主綱紀の御用釜師に取り立てられ、千仙叟宗室より「寒雉」の号を受けた。焼飯釜は、キノコ狩りの際、誤って仙叟の腰から焼き飯(おにぎり)が転がり、谷に落ちたことに面白みを感じたことから制作されたと伝わる。

金沢で金箔が大量につくられるきっかけとなったのは、1808(文化5)年の大火で焼失した、金沢城(　　)の再建だったと言われている。

① **本丸御殿**　② **二の丸御殿**
③ **石川門**　④ **三十間長屋**

2020(令和2)年12月、「伝統建築工匠の技」の一つとして(　　)がユネスコ(国連教育科学文化機関)の無形文化遺産に登録された。

① **澄(ずみ)金箔**　② **縁付(えんつけ)金箔**
③ **延金金箔**　④ **断切(たちきり)金箔**

問23

加賀藩が心身の鍛錬のため藩士に奨励したアユ釣りに用いる加賀毛針は、針に(　　)を巻きつけて作る伝統工芸品である。

① **ネコの毛**　② **鳥の羽毛**
③ **馬の毛**　④ **キツネの毛**

金沢の山間部の二俣地区で加賀藩の庇護を受けて発展した伝統産業は(　　)である。

① **金箔**　② **漆器**　③ **刺繍(ししゅう)**　④ **和紙**

答 21

② **二の丸御殿**

二の丸御殿再建のために京都から熟達した箔職人が呼び寄せられ、大量の金箔が製造された。これを機に、金沢職人の間に金箔生産の解禁を求める気運が高まり、幕末に金箔の細工場が設置された。さらに、明治に入ると、金沢箔は全国を市場として生産、販売されるようになった。

答 22

② **縁付金箔**

金箔の製法には箔打ち紙の違いによって「縁付」と「断切」がある。手すきの雁皮紙を用いた従来の手法を使った縁付金箔は、美術品や寺社建築に使用されることが多く、国宝や国重要文化財などの修復に欠かせない。断切はカーボンを塗ったグラシン紙を使い、大量生産が可能である。

答 23

② **鳥の羽毛**

加賀毛針は手先が器用な武士によって多くの種類が考案され、内職で作られた。さまざまな野鳥の羽が使用され、武士たちは釣果だけでなく毛針の見た目の美しさも競い合ったとされる。近年になってからは、その繊細な技を活かしたコサージュなどの装飾品も注目された。

答 24

④ **和紙**

二俣での紙すきは、医王山を開いた泰澄がもたらしたとの言い伝えがある。藩政期には「御料紙の紙すき場」として栄え、表装や金箔の箔打ち紙を生産して加賀文化を支えた。現在も、箔打ち紙には二俣町で生産されている雁皮（がんぴ）を主材料にした和紙がよく使われている。

終戦間もない1945(昭和20)年10月に金沢で第１回が開催され、現在も続く総合美術展は(　　)である。

① **石川美術展**　② **金城画壇展**
③ **現代美術展**　④ **金沢美術工芸展**

金沢美術工芸専門学校(現金沢美術工芸大学)で宮本三郎に師事し、独特の画風で内省的な作品を残した洋画家(　　)は、代表作「1982年　私」などが知られている。

① **鴨居玲**(かもいれい)　② **円地信二**
③ **村田省蔵**　④ **塗師祥一郎**(ぬし)

近代工芸の巨匠とされる陶芸家の板谷波山は1896(明治29)年、石川県工業学校(現石川県立工業高校)に、(　　)科教諭として赴任した。

① **彫金**　② **窯業**　③ **彫刻**　④ **図案**

金沢市出身の彫刻家(　　)は金沢美術工芸専門学校(現金沢美術工芸大学)の設立にかかわり、白鳥路の「女立像」などで知られる。

① **吉田三郎**　② **都賀田勇馬**(つがた)
③ **矩幸成**(かねこうせい)　④ **長谷川八十**

答25

③ 現代美術展

第1回現代美術展の開催は、今なお地元美術工芸関係者の間で「戦後60日の奇跡」と語り継がれる。終戦から2日後の8月17日、北國新聞社で戦後日本初の総合美術展に向けて初会合がもたれ、それから2カ月足らずの10月12日に開幕した。第1回展は日本画、洋画、彫刻、工芸の4科で出発した。

答26

① 鴨居玲

鴨居玲は旧制金沢中学校(現金沢高校)出身。一時期スペインのラ・マンチャ地方にアトリエを構え、制作に没頭した。父・悠は、北國新聞主筆を務め、姉・羊子は下着デザイナーとして知られる。「1982年私」の制作時、鴨居は入院中だったが、病室を抜け出し、作品を完成させた。

答27

③ 彫刻

波山は東京美術学校彫刻家の先輩・白井雨山の後任として着任した。その後、彫刻科は廃止。波山は陶磁科の担任となり、図案指導の傍ら、作陶技術の習得に努めた。1903(明治36)年に陶芸家として自立する決意をして同校を辞任、東京・田端に窯を築いて活動を開始した。

答28

④ 長谷川八十

長谷川八十は現代美術展の開催にもかかわった。吉田三郎は日本芸術院会員となり、石川近代文学館前の「四高記念碑」が有名である。都賀田勇馬は金石の銭屋五兵衛像の作者。矩幸成も金沢美術工芸専門学校の設立に尽力し、松田尚之らと北陸日彫会を設立した。

問29

父の大船が著名な宗教家として知られる金沢出身の洋画家(　　)は、日本芸術院会員、文化功労者として活躍した。

① 吉田三郎　② 高光一也
③ 宮本三郎　④ 中川一政

問30

金沢出身の(　　)は、「白山の画家」とも称された日本画家で、雄大な霊峰に対するひたむきな愛着を繰り返し描き、スケールの大きなパノラマ風の作品を遺している。

① 吉田秋光　② 玉井敬泉
③ 畠山錦成　④ 北野恒富

問31

日本画家であった金沢・大野出身の(　　)は多能な文人として知られ、俳人として、また古美術鑑定や古文書解読などの優れた才能をもって、郷土史や地域の文化財保護活動に大きな功績を残した。

① 山森青硯(せいけん)　② 木村杏園(きょうえん)
③ 山科杏亭(きょうてい)　④ 細野燕台(えんたい)

問32

国立工芸館には、金沢市出身の文化勲章受章者で人間国宝の(　　)の自宅工房が移転、常設展示されている。

① 寺井直次　② 大場松魚(しょうぎょ)
③ 松田権六(ごんろく)　④ 魚住為楽(いらく)

答29

② 高光一也

高光一也は、北間町にある真宗大谷派の専称寺住職・高光大船の長男として生まれた。県立工業学校(現県立工業高校)出身。1932(昭和7)年、第13回帝展洋画部に県在住者として初めて入選を果たした。金沢美術工芸専門学校の創設に参加し、同校の金沢美術工芸大学時代に教授を務めた。

答30

② 玉井敬泉

玉井敬泉は金城画壇を中心に活躍し、最晩年は白山の国立公園化にも尽力した。選択肢の残る3人も金沢市出身の日本画家。吉田秋光は帝展で審査員を務めた。北野恒富は北國新聞彫刻部に所属したが、後に大阪で院展の中心的人物となった。畠山錦成は帝展や日展などで活躍した。

答31

③ 山科杏亭

山科杏亭は日本画の木村杏園、大西金陽に師事し、掛け軸などの作品も残した。郷土史家でもあった。木村杏園は、加賀友禅作家の木村雨山の兄にあたる。山森青硯は郷土史家。細野燕台は「金沢最後の文人」と称された茶人、書家で、北大路魯山人を世に出したことでも知られる。

答32

③ 松田権六

東京国立近代美術館工芸館は2020(令和2)年10月、「国立工芸館」として金沢に移転、オープンした。旧陸軍第九師団司令部庁舎と、旧陸軍金沢偕行社という「軍都金沢」の歴史を刻んだ優美な木造建築物を移転、活用。近代日本の代表的な伝統工芸の秀作、逸品が展示されている。

語りを伴う曲舞（くせまい）の一種で室町時代に流行した（　　）は、藩祖利家、２代利長、３代利常も好み、太夫を召し抱えていたとされる。

① **琵琶法師（びわほうし）**　② **幸若舞（こうわかまい）**
③ **傀儡（くぐつ）**　④ **田楽（でんがく）**

５代藩主綱紀は、宝生（ほうしょう）太夫将監友春（ともはる）に深く学び、金春（こんぱる）流の（　　）以外の役者には宝生流への改流を命じ、加賀藩は幕末まで宝生流を手厚く保護した。

① **竹田権兵衛**　② **桜間伴馬**
③ **中村又三郎**　④ **進藤久右衛門**

問
3

梅田町が伝承地とされている能「鉢木（はちのき）」の典拠とする古典文学作品は「（　　）」である。

① **平家物語**　② **義経記**
③ **太平記**　④ **曽我物語**

古くから「猿楽（さるがく）」と呼ばれていた能・狂言は、1881（明治14）年に前田（　　）・利鬯（としか）父子らが能楽社を設立してから「能楽」という呼称が定着した。

① **斉広（なりなが）**　② **斉泰（なりやす）**　③ **慶寧（よしやす）**　④ **利嗣（としつぐ）**

答1

② 幸若舞

幸若舞は、中世から近世にかけて能と並んで武家らに愛好された。利常の言行録「微妙公御夜話(みみょうこうおんやわ)」には、毎晩寝室に入るとき、幸若九左衛門・小四郎父子が次室の縁側で一曲を奏して退出するのが常で、利常も謡(うた)うことがあったと記されている。織田信長の「人間(じんかん)五十年下天(げてん)の内を…」は幸若舞の「敦盛(あつもり)」である。

答2

① 竹田権兵衛

竹田権兵衛家は金春安照の孫安信から出て加賀前田家に仕え、禁裏の能も務めた。江戸時代、宝生流は観世(かんぜ)流、金春流に次ぐ位置であったが、5代将軍綱吉が宝生流を愛好したため、加賀藩でも綱紀が将軍家にならって宝生流に力を入れた。綱紀以後も代々宝生流を好み、のちに「加賀宝生」と呼ばれるほどになった。

答3

③ 太平記

能「鉢木」は、鎌倉幕府5代執権北条時頼(ときより)の廻国伝説に託して、武士の意地を描いている。大雪の日、一夜の宿を求めた旅僧(実は時頼)に秘蔵の盆栽を切って火をたいてもてなした佐野源左衛門常世(さのげんざえもんつねよ)が、鎌倉への非常招集令に真っ先に応じ、後に時頼から梅・桜・松の鉢の木に縁のある3カ所の領地を与えられたという物語である。

答4

② 斉泰

能楽社は、13代藩主斉泰と7男で大聖寺藩14代藩主利鬯、九条道孝(みちたか)、池田茂政(もちまさ)、藤堂高潔(たかきよ)らが発起人となり、能楽を西洋のオペラに匹敵する国楽として保護育成するために設立した。能楽社は近代能楽界における最大の後援者となり、東京の芝公園内に、能舞台を建物内に設けた、芝能楽堂が建設された。

宝生流15代宗家宝生彌五郎友于（やごろうともゆき）が隠居後、金沢へ移り住んでからの号「紫雪（しせつ）」は、謡曲「(　　)」の一節にちなんだとされている。

① 来殿（らいでん）　② 実盛（さねもり）　③ 杜若（かきつばた）　④ 氷室（ひむろ）

能楽師宝生九郎知榮（ともはる）の跡を継いだ金沢出身の家元は(　　)である。

① 英勝（ふさかつ）　② 重英（しげふさ）　③ 英雄（ふさお）　④ 英照（ふさてる）

(　　)流狂言の野村万蔵家に伝わる秘曲「狸腹鼓（たぬきのはらつづみ）」は通称「加賀狸」と言い、藁屋（わらや）の門や柴垣・紅白の菊・薄（すすき）などの作りものがしつらえられる。

① 和泉　② 大蔵　③ 鷺　④ 南都禰宜（なんとねぎ）

1972(昭和47)年に全国初の独立した公立能楽堂として開館した石引4丁目の県立能楽堂能舞台は、1932(昭和7)年に建てられた(　　)の本舞台を移築したものである。

① 尾山神社能舞台　② 成巽閣能舞台

③ 安江八幡神社能舞台　④ 金沢能楽堂

答5

④ **氷室**

幕府に仕えた宝生友于は、12代将軍徳川家慶(いえよし)の没後隠居した。1862(文久2)年頃に妻と娘を伴い江戸を去り、初めは山中温泉、その後金沢の山伏寺天道寺(現在の浅野川神社)に滞在し弟子を育て、金沢で没した。号の紫雪は、謡曲「氷室」の「それ仙家(せんか)には紫雪(しせつ)紅雪(こうせつ)とて薬の雪あり」の一節にちなんだともされる。

答6

② **重英**

宝生九郎重英は17世宗家で、本名・宝生勝。加賀藩に仕えた分家・宝生嘉内(かない)の2男で、知榮の養子となり、1917(大正6)年18歳で宗家を継承、1949(昭和24)年九郎を襲名した。東京音楽学校で教鞭を執り、能楽協会の初代理事長を務めるなど多くの門人を育てた。日本芸術院会員。

答7

① **和泉**

初世野村万蔵保尚(やすひさ)は1735(享保20)年、加賀藩に和泉流狂言方として召し抱えられ、1784(天明4)年には「狸腹鼓」の好演により10代藩主重教(しげみち)から褒美(ほうび)の白銀20枚を拝領したと伝わる。明治維新後、6世の時に東京へ移った万蔵家には重教の命で作られた前田家狂言23番の台本が伝えられているという。

答8

④ **金沢能楽堂**

金沢能楽堂は、2代佐野吉之助が現在の金沢市役所付近に建設した。市役所の増築で能楽堂が解体される際、能舞台を県が譲り受け、県立能楽堂に移築した。舞台には、現在では伐採禁止となっている高級建材「台湾ヒノキ」が使われているといわれ、年月を経て落ち着いた趣がある。

市指定無形民俗文化財の加賀万歳は、ルーツの越前万歳に宝生流能楽師(　　)が能の所作や型を取り入れて完成させたといわれている。

① **諸橋権之進**　② **波吉宮門**
③ **佐野吉之助**　④ **大石藤五郎**

歌舞伎役者の屋号に現在も「加賀屋」があるのは、加賀国宮腰(みやのこし)(現在の金石)出身の初世(　　)が名乗ったからである。

① **中村仲蔵**　② **中村勘三郎**
③ **中村歌右衛門**　④ **中村富十郎**

問11

13代藩主斉泰が江戸の加賀藩邸に造り、戦後に成巽閣の敷地内に移築された茶室は(　　)である。

① **三華亭**(さんかてい)　② **内橋亭**
③ **梅庵**　④ **舟之御亭**(ふなのおちん)

藩主前田(　　)は遠州流茶道の祖で大名茶人の小堀遠州から熱心に指導を受けた。

① **光高**(みつたか)　② **綱紀**(つなのり)　③ **吉徳**(よしのり)　④ **宗辰**(むねとき)

答9

④ **大石藤五郎**

加賀万歳は藩祖利家が越前府中の城主だった頃、年頭に領民が披露していた越前万歳を、利家が金沢に移った後も金沢で行うようになり、江戸後期に大石藤五郎が、能の要素を取り入れ大成させた。越前万歳が庶民の家の前で舞う門付(かどづ)けであるのに対し、加賀万歳は殿様の前で舞う御殿万歳であり、テンポが遅めである。

答10

③ **中村歌右衛門**

初世中村歌右衛門は、本名を大關榮藏(おおせきひでぞう)といい、医師の子として加賀国に生まれた。芸事が好きで、1730(享保15)年頃から旅の一座に加わり中村源左衛門の門人として中村歌之助を名乗った。中村歌右衛門と改名したのは1741(寛保元)年頃であると言われている。

答11

① **三華亭**

三華亭は、斉泰が嘉永年間(1848 ~ 54)に江戸本郷の藩邸内に造った煎茶席を1871(明治4)年頃、江戸根岸の藩主住居庭内に移築したと考えられるが、異説もある。1897(明治30)年頃、東京・本郷の前田邸に再び移され、さらに1928(昭和3)年東京・駒場の前田邸に転じ、1949(昭和24)年に金沢へ移築された。

答12

② **光高**

小堀遠州と加賀藩との関わりは深く、2代藩主利長が遠州の甥小堀重政を、また3代利常が遠州の娘婿小堀新十郎を召し抱えている。利常・光高父子が小堀遠州から熱心に茶の湯の指導を受けていた様子は、残された手紙や文書でも明らかになっており、遠州好みの茶の湯が行われていた。

問13

優美さで「(　　)宗和(そうわ)」と称された宗和流の茶道は、武将で茶人だった金森宗和の長男七之助が3代藩主利常に仕えて以来、金森家が代々加賀藩の重臣や藩士の間に広めた。

① 雅(みやび)　② 華(はな)　③ 姫(ひめ)　④ 舞(まい)

問14

1921(大正10)年頃、羽二重商を営んでいた本郷長次郎が、邸宅を新築した際に表千家家元の指導でつくった茶室を(　　)という。

① 松向庵　② 松涛庵
③ 松声庵　④ 松風閣

問15

兼六園内の茶室(　　)は、藩政期から園内に残る唯一の建物と言われている。

① 時雨亭　② 夕顔亭
③ 蓮池亭　④ 玉泉庵

問16

金沢市内に数多くある茶室のうち、(　　)は藩政末期に粟崎の豪商木谷藤右衛門が京都の数寄屋大工に建てさせたと伝わる。

① 山宇亭(さんうてい)　② 対青軒
③ 耕雲庵　④ 灑雪亭(さいせつてい)

答13

③ **姫**

宗和流の祖・金森宗和は、飛騨高山城主の嫡男として生まれたが、勘当されて京に上り公家サロンに交わった。野々村仁清を指導し数々の茶器を焼かせたことでも知られる。武家茶道であるが、雅な道具を好んだことで「姫宗和」とも呼ばれた茶の湯は金森家の代々により加賀藩に根付いた。

答14

① **松向庵**

西町の松向庵（旧園邸）は市指定文化財で、露地ともども各部屋が茶事に使えるよう表千家12代家元千惺斎宗左の指導で建てられた。大正から昭和にかけて月釜が掛けられ、本格的な茶事が催せる茶室として評判だった。三畳台目の「松向庵」、広間、水屋、待合などが坪庭を中心に巧みに構成されている。

答15

② **夕顔亭**

兼六園の蓮池庭にある夕顔亭は、11代治脩が1774（安永3）年に建造した数寄屋である。初め、「瀧見の御亭」「中島の茶屋」などと呼ばれていたが、本席控之間の床の袖壁に夕顔（瓢唐草）の透かしがあることから「瓢庵」「瓢々庵」とも呼ばれ、さらに転じて「夕顔亭」と呼ばれて現在に至っている。

答16

③ **耕雲庵**

耕雲庵は、大正時代初期に、木谷家から、横山家（高岡町・鉱山業）邸内に移築され、辰村家（清川町・建設業）を経て中村家（寺町・酒造業）へと移った。名称は、鎌倉時代の禅僧・道元禅師が記した「山居之偈」の一節「釣月耕雲」（月を釣り、雲を耕すような想像をはるかに超えた、悠々自適の心持ち）に由来している。

問17

市指定文化財である金沢素囃子（すばやし）で演奏する楽器は(　　)、三味線、大鼓（おおかわ）、太鼓である。

① 琴　② 尺八　③ 鉦（かね）　④ 笛

問18

加賀万歳の才蔵が「番物（ばんもの）」を演ずるときにかぶる帽子を(　　)と言う。

① 烏帽子　② かます帽子
③ 角帽子　④ 赤頭巾

問19

金沢の加賀獅子で特徴的な棒振りの流儀は(　　)流と土方（ひじかた）流の２つが現在まで続いていると言われる。

① 半兵衛　② 九鬼神
③ 竹生島　④ 養心

問20

県指定の無形民俗文化財「(　　)」は、倶利伽羅（くりから）の源平合戦で木曽義仲が平家を打ち破ったことを喜び唄い、踊ったのが始まりとされている。

① 東長江町のジョンカラ節
② 二俣いやさか踊り
③ 八田町のさかたおどり
④ 戸水町の南無とせ節

答17

④ 笛

素囃子とは、長唄(ながうた)、常磐津(ときわづ)、清元(きよもと)といった邦楽から、囃子のみが独立した演奏形式をいう。金沢で発展した素囃子は「金沢素囃子」と呼ばれ、全国的にも格調の高さや優美、華麗さが評価され、和のオーケストラと言われる総合芸術となっている。演奏は、笛、三味線、大鼓、太鼓に長唄を加えて行われる。

答18

② かます帽子

加賀万歳の歌詞は60番余が番物、拍子物、流しに分かれている。流しの場合、才蔵は真っ赤な大黒頭巾を、番物の時には縦に長く、四角い形をした、かます帽子をかぶる。帽子の表には梅鉢や唐獅子牡丹などの豪華な刺繍が施され、長くて太いあご紐が付いている。大黒頭巾もかます帽子もユーモラスな雰囲気がある。

答19

① 半兵衛

加賀獅子の棒振りは、最盛期には約40もの流派があったとされ、中でも土方流と半兵衛流が有名だった。土方流は、山の上町に道場を構えていた土方常輔らが指導したことに始まり、半兵衛流は、地黄煎(じおうせん)町(現在の泉が丘２丁目)に道場を構えていた町田半兵衛が生み出したとされる。

答20

② 二俣いやさか踊り

二俣いやさか踊りは、医王山ろくを代表する古い盆踊りとして特色があり、1995(平成７)年に県の無形民俗文化財に指定された。元来は秋祭りの踊りで、大正時代中期には途絶えていたが、1958(昭和33)年に青年団が古老の伝承に基づいて復元し、それ以来毎年8月の盆踊りとして本泉寺境内で行っている。

オーケストラ・アンサンブル金沢（OEK）は、マルク・ミンコフスキ芸術監督が退任し、2022年９月から（　　）氏がアーティスティック・リーダーに就任した。

① 広上淳一　　② 野村萬斎

③ 池辺晋一郎　④ 垣内悠希

「伝統と創造」「スピード感と快適性」がテーマのJR 金沢駅新幹線発車メロディーは（　　）の制作である。

① 谷村新司　② 松任谷由実

③ 井上道義　④ 中田ヤスタカ

金沢出身の（　　）は、オリンピックの個人競技としては県勢初の金メダリストとなった。

① 大島鎌吉（けんきち）　② 辻宏子

③ 松本薫　④ 川井梨沙子

市が磯部町に整備し、北陸初となるフットボール専用の「金沢（　　）」は、2024年シーズンからＪ２・ツエーゲン金沢の本拠地となる。

① サッカー場　② フットボールパーク

③ スタジアム　④ 蹴球場

答
21

① **広上淳一**

広上氏は、国内外のオーケストラの首席指揮者を歴任した経験を持ち、ＮＨＫ大河ドラマ「麒麟（きりん）がくる」のテーマ音楽も指揮した。ＯＥＫの指揮も定期公演や「いしかわ・金沢 風と緑の楽都音楽祭」など数多く、アーティスティック・リーダーのポストは広上氏の意向で新設された。両親は富山県出身。

答
22

④ **中田ヤスタカ**

中田ヤスタカ(1980－)は、金沢出身のＤＪ、音楽プロデューサー、作詞家、作曲家、編曲家。ＹＭＯや渋谷系の影響を受けた音楽を制作している。メジャーデビュー後はＣＡＰＳＵＬＥの活動を続けながら、Ｐｅｒｆｕｍｅやきゃりーぱみゅぱみゅら多数の歌手をプロデュースしている。

答
23

③ **松本薫**

松本薫は2012年ロンドン大会の柔道女子57キロ級で優勝し、個人競技として県勢初の金メダリストとなった(2016年のリオでは「銅」)。大島鎌吉は、1932年ロサンゼルス大会陸上男子三段跳び銅メダルで県勢初のメダリストとなり、1964年の東京大会で日本選手団長を務めた。

答
24

③ **スタジアム**

金沢スタジアムは、地上４階建て、延べ床面積１万9000平方メートルで、収容人数は１万人。2023年９月の工事完了後、2024年１、２月ごろの利用開始を目指す。新スタジアムは屋根付きスタンドから最短約７メートルの距離で選手のプレーを見ることができる。

問1

泉鏡花が北國新聞に初めて連載した作品は「(　　)」である。

① 妙(たえ)の宮　② ひとつふたつ

③ 黒猫　④ 千歳之鉢

問2

ウサギにちなんだコレクションで知られる鏡花は(　　)年の生まれだった。

① 申(さる)　② 午(うま)　③ 酉(とり)　④ 辰(たつ)

問3

鏡花の小説「(　　)」は、金沢に帰省した主人公が東山寺院群の寺参りをする話で、母方の実家の菩提(ぼだい)寺である日蓮宗全性(ぜんしょう)寺が「赤門寺」の名で登場する。

① 照葉狂言(てりはきょうげん)　② 化鳥(けちょう)

③ 高野聖(こうやひじり)　④ 夫人利生記(ぶにんりしょうき)

問4

作家・三島由紀夫は、鏡花の最終作品「(　　)」を「永遠不朽の女性美の神秘を、白昼の幻の裡(うち)に垣間見た詩」だと評した。

① 眉(まゆ)かくしの霊　② 義血侠血(ぎけつきょうけつ)

③ 天守(てんしゅ)物語　④ 縷紅新草(るこうしんそう)

答1

③ 黒猫

「黒猫」は1895(明治28)年6、7月、全32回連載された。金沢を舞台に、令嬢が愛玩する黒猫を軸に、画家や令嬢、髪結い、盲人それぞれの報われない恋が描かれる。同年4月に「夜行巡査」を発表した泉鏡花は当時帰郷中で、北國新聞は若き才能にいち早く注目し、執筆を依頼した。

答2

③ 酉

鏡花は「酉」年生まれだったが、母の鈴に「向かい干支であるウサギは縁起が良い」と教わり、玩具や灰皿、水さしなど数多くのウサギグッズを集めた。泉鏡花文学賞の正賞「八稜鏡」にはウサギがデザインされ、石川門下から大手堀方向へと続く白鳥路にはウサギを手にする鏡花の銅像もある。

答3

④「夫人利生記」

全性寺は紅殻色の山門を構え、その両側の内部には同じく紅殻塗りの二体の仁王尊を安置する。山門には1メートルはある大きな草鞋の束が下がる。小説「夫人利生記」には草鞋が登場し、鏡花は「摩耶夫人」(釈迦の生母、出産や子授けの神)の姿に母の面影も重ねる。

答4

④「縷紅新草」

三島由紀夫は「鏡花は天才だった。貧血した日本近代文学の砂漠の中に、咲きつづける牡丹園をひらいた」と称賛し、鏡花ブームのきっかけを作った。小説「縷紅新草」の舞台となった東山2丁目の日蓮宗蓮昌寺には、金沢四大仏の一つである釈迦如来像がある。

鬼子母神（きしもじん）を祀（まつ）り、鏡花が幼い頃、母に手を引かれてよくお参りしたと伝えられる日蓮宗の寺院は（　　）である。

① 妙立寺（みょうりゅうじ）　② 龍国寺（りゅうこくじ）
③ 本行寺（ほんぎょうじ）　④ 真成寺（しんじょうじ）

金沢市が主催する泉鏡花文学賞で、1973（昭和48）年の第１回から選考委員を務めていた（　　）は87年の第15回を最後に選考委員の退任を申し出た。

① 嵐山光三郎　② 立松和平
③ 瀬戸内寂聴（じゃくちょう）　④ 篠田正浩

2022（令和4）年に第50回を迎えた泉鏡花文学賞の歴史の中で、該当者がいなかった年は（　　）である。

① 昭和56年　② 平成元年
③ 平成6年　④ 平成16年

徳田秋声は、卯辰山が大好きで、「光を追うて」で、「この山は（　　）のように行きつけ」になっていたと述べ、主人公の苗字に卯辰山の別名「向山」の名をあてている。

① 自分の山　② 自分の庭
③ 自分の里　④ 自分の家

答5

④ **真成寺**

鏡花は「鶯花径（おうかけい）」で「鬼子母神様は母様（おっかさん）が御信仰遊ばした、そうしてあの仏様は小児（こども）を守って下さるんだって、いつでもおっしゃった」と著した。母親を鬼子母神に重ね合わせ、卯辰山寺院群で亡き母の面影を探し求める鏡花は、その一帯を「巡礼街道」と名づけた。

答6

③ **瀬戸内寂聴**

瀬戸内寂聴は「私も鏡花賞をもらいたい。だから選者を辞めたい」と申し出た。選考委員の復帰を求める声も相次いだが、意思は変わらなかった。それから24年後の2011（平成23）年、短編集「風景」で泉鏡花文学賞を受賞、89歳の時だった。21（令和3）年、99歳で亡くなった。

答7

③ **平成６年**

泉鏡花生誕100年を記念して創設された文学賞は第50回までに1994（平成６）年の第22回だけ「該当者なし」となり、泉鏡花記念市民文学賞の授賞式のみが行われた。第50回は大濱普美子（ふみこ）が「陽だまりの果て」で受賞。2023（令和５）年、文学賞制定50周年に合わせ、副賞の賞金を100万円から150万円に引き上げる。

答8

② **自分の庭**

「光を追うて」は1938（昭和13）年、秋声が67歳で発表した自伝的な小説。主人公の向山等（むかいやまひとし）の名は卯辰山の俗称「向い山」「向こう山」にちなむ。横山町に生まれた徳田秋声は浅野町、御歩（おかち）町、味噌蔵町裏丁、馬場五番丁と次々と転居したが、いずれも卯辰山が見える場所だった。

秋声が短編小説「町の踊り場」で描いたダンスホールは(　　)にあった。

① 兼六園下　② 下新町
③ 武蔵町　④ 片町

1926(大正15)年1月、秋声の妻が亡くなり、落胆する秋声を励ますため、翌月ゆかりの文士たちによって(　　)が結成された。

① 二日会　② 黴(かび)の会
③ あらくれ会　④ 雨声会

問11

秋声は1924(大正13)年、路面電車の開通した金沢を舞台とする短編小説「(　　)」を発表した。

① 旅日記　② 新所帯(あらじょたい)
③ 雲のゆくへ　④ 車掌夫婦の死

秋声は1913(大正2)年に発表した子供向けの童話「めぐりあひ」で、主人公の少年期における家庭での葛藤を描いた。その作品の装丁は画家(　　)が手掛けた。

① 梶田半古(はんこ)　② 小寺健吉
③ 武内桂舟(けいしゅう)　④ 竹久夢二

答9

② 下新町

1933（昭和8）年に発表された「町の踊り場」には、秋声が姉の葬儀で帰郷した数日間を描いた作品である。主人公（モデルは秋声）が踊る場面もある。この場所はかつて下新町にあった「水野ダンスホール」とされ、作中には下新町生まれの鏡花のことも描かれている。

答10

① 二日会

秋声の妻・はまが脳溢血（のういっけつ）で亡くなり、はまの命日にちなみ、毎月2日に会合を持つことから名付けられた。室生犀星や中村武羅夫（むらお）、葛西善蔵、久米正雄ら40余名が名を連ね、幹事がその様子を記録した。二日会は1932（昭和7）年5月に「秋声会」と改組され、同年7月に秋声会機関誌「あらくれ」が創刊された。

答11

④ 車掌夫婦の死

秋声は、幸福な結婚生活を送っていた金沢の路面電車の車掌が一時の過ちを後悔して猫いらずを飲み、夫の自殺を止められなかった妻が夫に謝罪して後を追うまでを、丁寧な筆致で描いた。路面電車は1919（大正8）年に金沢駅前から兼六園までの区間で開通した。

答12

④ 竹久夢二

「めぐりあひ」はそれまでの児童文学にない近代生活という新風を吹き込んだ。竹久夢二は装丁のほか、挿絵（さしえ）も担った。秋声は自著の装丁にあまりこだわらなかったが、装丁の出来栄えに珍しく破顔（はがん）したと、当時の編集者が述懐した。竹久は秋声の代表作「仮装人物」にも仮名で登場する。

問13

馬場小学校の前庭に建つ「文学の故郷碑」の碑文は(　　)の書として知られる。

① 三島由紀夫　② 森鴎外
③ 川端康成　④ 谷崎潤一郎

問14

「魚眠洞（ぎょみんどう）」の俳号を使っていたのは(　　)である。

① 徳田秋声　② 室生犀星
③ 深田久弥　④ 中野重治

問15

室生犀星は北國新聞に数多く連載したが、未完のまま終わった新聞小説は「(　　)」である。

① 市井鬼記（しせいきき）　② 結婚前
③ 情痴界隈（じょうち）　④ 好色（こうしょく）

問16

犀星の自伝小説「杏（あんず）っ子」の登場人物「杏っ子」のモデルは、(　　)である。

① 室生とみ子　② 室生朝子（あさこ）
③ 室生洲洲子（すずこ）　④ 室生玲子

答13

③ 川端康成

文学の故郷碑は1970(昭和45)年、馬場小創立百周年事業の一環で建立された。同校を卒業した鏡花の「縷紅新草(るこうしんそう)」、秋声の「光を追うて」、国文学者で歌人の尾山篤二郎(とくじろう)の歌集「雪客(さぎ)」の一節が刻まれる。日本初のノーベル文学賞受賞者である川端は落成時に来校した。

答14

② 室生犀星

室生犀星は「魚眠洞」の俳号を1922(大正11)年頃から使い、29年の処女句集「魚眠洞発句集」の序文で、「藤井紫影(しえい)が北國新聞の選者だった関係上、自分も投句して見てもらった」と謝意を述べている。紫影は四高教授の傍ら、俳句結社「北声会」を指導し、北國新聞の俳句の選者を務めた。

答15

④ 好色

北國新聞では初の長編小説となる「好色」は明治中期の金沢を舞台に、犀星の心情を犀川べりの店で働く主人公の芸者に託して描こうとしたもので、全体で約600枚の大作になる構想だった。肺がんを病み、1962(昭和37)年に執筆半ばで亡くなった。21回分、原稿用紙にして73枚半が死後発見された。

答16

② 室生朝子

「杏っ子」は犀星晩年の代表作のひとつで、1956(昭和31)年11月から９カ月間、新聞夕刊に連載された。「杏っ子」では、主人公とその父親が蟹(かに)に例えられている。モデルの朝子は犀星の長女で、「あやめ随筆」や「父室生犀星」など多数のエッセーを執筆した。

犀星は関東大震災の翌月、家族とともに金沢に帰郷し、翌年、芥川龍之介を金沢に迎えている。その際、俳句の大先輩(　　)の世話で特別に、兼六園内三芳庵(みよしあん)別荘に芥川が宿泊できるようにするなど誠心誠意もてなした。

① **表棹影(とうえい)**　② **桂井未翁(みおう)**
③ **河越風骨(かわごえふうこつ)**　④ **太田南圃(なんぽ)**

犀星は趣味として庭造りを好み、金沢では(　　)の土地を借りてまで作庭にいそしんだ。1927(昭和2)年刊の小説「冬の蝶(ちょう)」などに、その様子が描かれている。

① **神明宮**　② **宝円寺**
③ **玉泉院**　④ **天徳院**

問19

「愛の詩集」、「抒情小曲集」を相次いで出版し、詩人としてゆるぎない評価を獲得した犀星は、小説家としても認めてもらおうと「幼年時代」の原稿を中央公論社に送り、同誌編集長の(　　)の目に止まった。

① **中村武羅夫(むらお)**　② **加能作次郎**
③ **滝田樗陰(ちょいん)**　④ **薄田(すすきだ)淳介**

犀星は、初め俳句を学び、北声会の藤井紫影の指導を受けた。やがて詩に移った犀星は北原白秋の強い支持を得て中央詩壇に登場する。そして、萩原朔太郎(さくたろう)や山村暮鳥(ぼちょう)と金沢で詩の雑誌(　　)を刊行し、不動の地位を得た。

① **驢馬(ろば)**　② **感情**
③ **朱欒(ざんぼあ)**　④ **卓上噴水(たくじょうふんすい)**

答17

② **桂井未翁**

1924(大正13)年5月、芥川が帰郷中の犀星を訪ねてきた際、北國俳壇の選者を務めた桂井未翁が一役買った。明治末期から昭和前期にかけ、北陸俳壇の双璧と言われた桂井と太田南圃は俳句会の北声会を牽引していた。犀星は「老俳友(ろうはいゆう)」と呼んで慕い、2人をモデルに小説「梨翁(りおう)と南枝(なんし)」を書いた。

答18

④ **天徳院**

犀星は東京・田端に住み始めた頃から好みの庭を設け、都内の馬込(まごめ)に移ると、本格的に意匠を凝らした。1926年から6年間、天徳院の土地を借り、帰郷の折に庭造りに精を出した。千日町にある室生犀星記念館の中庭には、特に愛した四方仏のつくばいが配されている。

答19

③ **滝田樗陰**

1882(明治15)年に秋田で生まれた滝田樗陰は雑誌「中央公論」の編集長を務めた。滝田の特注の人力車が家の前に止まることが当時の新人小説家の夢だった。犀星は1919(大正8)年6月に滝田に宛てて「愛の詩集」とともに、「幼年時代」の原稿を送っている。

答20

④ **卓上噴水**

卓上噴水は犀星、朔太郎、暮鳥の3人で結社した「人魚詩社」から1915(大正4)年3月に創刊した詩誌である。犀星は遠方に住む他の2人に代わって実質編集と発行を担い、金沢の住所(千日町)を発行所としたが、3号で廃刊となった。翌年、朔太郎らと詩誌「感情」を刊行した。

問21

金沢を舞台にした(　　)は1957(昭和32)年、大映によって映画化され、主人公の大河平一郎とヒロインの吉倉和歌子を、のちに夫婦となる川口浩と野添ひとみが演じた。

① 水芦(みずあし)光子作「雪の喪章」
② 泉鏡花作「夫人利生記(ぶにんりしょうき)」
③ 島田清次郎作「地上」
④ 室生犀星作「性に眼覚める頃」

問22

五木寛之が主計町(かずえまち)を舞台に薄幸の少女と新聞記者の恋愛を描いた小説は「(　　)」である。

① 朱鷺(とき)の墓
② ステッセルのピアノ
③ 聖者が街へやってきた
④ 浅の川暮色(ぼしょく)

問23

優等生の姉と自由奔放な妹、金沢で小料理屋を営む祖母と母。血の繋がっていない女性４人が登場し、それぞれの恋愛、仕事、結婚を描いた唯川恵の新聞小説で、2005(平成17)年に単行本として発刊されたのは、「(　　)」である。

① 息がとまるほど　② シングル・ブルー
③ 今夜は心だけ抱いて　④ 恋せども、愛せども

問24

金沢第二中学校に学び、「海の廃園」で直木賞を受賞した作家(　　)は、一世を風靡(ふうび)したテレビ映画「快傑(かいけつ)ハリマオ」の原作者としても知られている。

① 橘外男　② 杉森久英(ひさひで)
③ 山田克郎(かつろう)　④ 半村良(りょう)

答21

③ 島田清次郎作「地上」

島田清次郎は金沢・西の廓（くるわ）の一角に住み、旧制金沢二中、金沢商業高で学んだ。1919(大正８)年、小説「地上」第１部を新潮社から刊行した。弱冠20歳の無名の青年が50万部というベストセラーを世に送り出し、「異能作家」として一躍、時代の寵児（ちょうじ）となった。

答22

④ 浅の川暮色

五木寛之は30代の５年間を過ごした金沢を「第二の故郷」と呼び、わけても主計町の街並みを愛していると言う。浅の川暮色の初版は1978(昭和53)年に発表された。作中には実在する鍋料理店やその女将も登場し、店の前には『浅の川暮色』の記念碑が設置されている。

答23

④ 恋せども、愛せども

2002(平成14)年に「肩ごしの恋人」で直木賞を受賞した唯川恵は金沢女子短大(現金沢学院短大)卒。04年に北國新聞で連載した小説「恋せども、愛せども」は、恋や仕事などそれぞれの生き方や家族の絆を描いた物語で、07年にテレビドラマ化もされた。

答24

③ 山田克郎

日露戦争後にインドネシアで行方不明になった叔父を捜す少年を主人公にした海洋冒険小説「魔の城」を新聞に連載、これが原作となって「快傑ハリマオ」の放送が始まった。風俗小説や伝記、麻雀小説も手掛けた。小説の勉強会「三日会」を主宰し、戸部新十郎らの若手作家も育てた。

井上靖の長編小説「北の海」で、旧制第四（だいし）高等学校柔道部の夏稽古に体験入部した主人公に、柔道部員が「あそこは落第した奴がしょんぼり歩くところ」という金沢の地は、(　　)である。

① 卯辰山　② 兼六園
③ 金沢城址　④ W坂

曽野綾子が少女時代の1945(昭和20)年5月、両親と金沢に疎開し、翌年3月まで(　　)に間借りして暮らした。

① 民家　② 寺院
③ 料亭　④ アパート

問27

七尾市出身の杉森久英と戸部新十郎は、どちらも小学校時代に金沢に転入し、金沢第一中学校を卒業している。杉森は伝記文学、戸部は(　　)と、それぞれ特色ある文学世界を作り上げた。

① 歴史小説　② 推理小説
③ 空想科学小説　④ ユーモア小説

作家の髙樹のぶ子の小説「(　　)」で、主人公たちは兼六園の瓢（ひさご）池で、物語の鍵となる楽譜の暗号を解くヒントを得る。

① 光抱く友よ　② 百年の預言
③ 透光の樹　④ 桃源郷

答25

② 兼六園

無声堂（四高の道場）での稽古前、四高近くの兼六園に立ち寄ろうとする主人公・洪作に柔道部員の杉戸は「見たって別に面白いことはない。むだですよ」と反対した。野放図な四高柔道部員らしい見方だが、洪作が金沢を去る前日、兼六園に洪作を案内するのは杉戸だった。

答26

③ 料亭

当時13歳の曽野は寺町台にあった休業中の料亭「望月」の２階に住んだ。疎開先に金沢を選んだ一因に、母の親友の妹がおり、語学の教師に頼んで英語とドイツ語などを学べる環境にあったからとされる。後に金沢で過ごした体験から、初めての自伝的な長編小説「黎明」を発表した。

答27

① 歴史小説

杉森は直木賞受賞作「天才と狂人の間」や、「天皇の料理番」「近衛文麿」などの作品で知られる。北國新聞社記者の経歴もある戸部は1989（平成元）年８月の「月刊北國アクタス」創刊号から連載した「前田太平記」をはじめ、「前田利家」などの長編時代小説で加賀前田家を描いた。

答28

② 百年の預言

「百年の預言」は、いずれも金沢出身の外交官とバイオリニストとの恋愛に、ルーマニアの国民的作曲家の謎の楽譜が絡む。兼六園でデートを楽しみながら、ルーマニアの亡命者から手に入れた不思議な楽譜の謎解きに挑む。作中の兼六園のやりとりが後に重要なヒントになる。

作家の三島由紀夫の母・倭文重の実家の橋家は、加賀藩(　　)の家柄で、三島にとって金沢は母ゆかりの地である。

① 家老　② 禅僧
③ 彫金師　④ 漢学者

問30

三島由紀夫は1961(昭和36)年12月、小説「(　　)」の取材のために金沢を訪れた。

① 午後の曳航　② 潮騒
③ 美しい星　④ 豊饒の海

問31

歌誌「新歌人」を創刊し、社会派歌人として女性解放運動にも力を注いだ(　　)は兼六園だけを題材とした作品180首ほどを集めた「歌集　兼六園」で知られる。

① 長沢美津　② 芦田高子
③ 新保千代子　④ 米山久子

問32

「雪の喪章」で知られる水芦光子は、1946(昭和21)年に詩集「雪かとおもふ」を刊行した。高光一也の装丁で、序は室生犀星、跋文は(　　)が寄稿している。

① 富岡多恵子　② 長沼智恵子
③ 中野鈴子　④ 永瀬清子

答29

④ **漢学者**

倭文重の父健三は廃藩置県の際に漢学塾をたたんで上京し、共立学校(後の開成中学校)の漢文の教師を経て校長に就いた。漢学者の家に生まれた倭文重は旧弊で堅苦しい家風に抗して大正ロマンティズムの芸術少女として育ち、三島由紀夫の文学形成に大きな影響を与えた。

答30

③ **美しい星**

「美しい星」は1962(昭和37)年に出版された長編小説で、核兵器による人類滅亡をめぐる不安を描いた。三島文学では異色のSF的な空飛ぶ円盤も取り入れ、主人公の家族は自らを宇宙人と思い込む。作中では兼六園が「この世のものとも思えない美の理想郷」として描かれ、尾山神社も登場する。

答31

② **芦田高子**

1907(明治40)年に岡山県で生まれた芦田高子は43(昭和18)年、医師の夫の故郷である石川県鳥屋町(現・中能登町)に移住した。尾山神社に歌碑が建つ。歌集には「兼六園」のほかにも、昭和38年の「三八豪雪(さんぱち)」の金沢を題材にした「白き魔」や内灘基地闘争を扱った「内灘」などの作品がある。

答32

④ **永瀬清子**

永瀬は日本の現代詩を女性として切り開いた先駆者である。岡山で生まれ、金沢に来たのは父の仕事の都合だった。英和幼稚園(後の北陸学院幼稚園)では詩人の中原中也と１年違いだった。２歳から16歳まで住んだ金沢を「第２の故郷」と語り、生涯詩人であり続けた。

劇作家、演劇評論家として活躍した(　　)は、芥川龍之介と親しく、ともに夏目漱石のもとに出入りしていた。

① 岡栄一郎　② 北村喜八
③ 藤澤清造　④ 藤岡作太郎

高岡市伏木生まれの芥川賞作家(　　)は、金沢第二中学校で学んだ青春を「若き日の詩人たちの肖像」に描くとともに、「金沢風物誌」で、金沢を「歴史と文化に分厚い町」としている。

① 中野重治　② 森山啓
③ 高田宏　④ 堀田善衛(ほったよしえ)

問35

兼六園の山崎山にある松尾芭蕉の句碑には、芭蕉が「奥の細道」の旅で金沢を訪れた時に詠んだとされる(　　)の句が刻まれている。

① 石山の石より白し秋の風
② あかあかと日は難面(つれなく)も秋の風
③ 心から雪うつくしや西の雲
④ 秋涼し手毎にむけや瓜茄子

「奥の細道」の旅で、芭蕉が金沢滞在中に多忙で会えず、芭蕉を松任まで追いかけて餞別(せんべつ)を渡そうとして果たせなかったのは(　　)である。

① 鶴屋句空(くくう)　② 立花北枝(ほくし)
③ 秋之坊　④ 生駒万子(いこままんし)

答33

① 岡栄一郎

1890(明治23)年に尾張町で生まれた岡栄一郎は、徳田秋声の遠縁に当たる。15歳の時に両親と大阪に移り、東京帝大英文科に入学、芥川と交友を持った。大学卒業後、芥川の勧めで創作評、劇評、随筆を書き、辛口批評で知られた。代表作に「意地」、「松永弾正(まつながだんじょう)」などがある。

答34

④ 堀田善衛

廻船問屋の家に生まれた堀田善衛は1931(昭和6)年、旧制金沢第二中学校に入学し、卒業までの5年間を金沢で過ごした。65(同40)年に発表された「若き日の詩人たちの肖像」は、堀田が二中を卒業し、慶応大学を経て、召集の命を受けるまでの間の生活を描いた自伝的小説である。

答35

② あかあかと日は難面も秋の風

松尾芭蕉は1689(元禄2)年、金沢に立ち寄った。山崎山にある句碑は江戸後期の金沢俳人・桜井梅室(ばいしつ)の筆による。犀川大橋近くの左岸には小松砂丘筆の同じ句碑があり、野町1丁目の浄土宗成学寺(じょうがくじ)境内にある「あかあかと」の句碑は1755(宝暦5)年、金沢生まれ俳人・堀麦水(ばくすい)らが建立した。

答36

④ 生駒万子

家禄1000石の加賀藩士である生駒万子は1654(承応(じょうおう)3)年に生まれ、普請(ふしん)奉行などを務めた。俳人でもあり、芭蕉に深く傾倒、加賀蕉門の支援者だった。「俳諧世説」によると、白衣と金三両を餞別にと渡したが、芭蕉は受け取らなかった。生駒と交遊した秋之坊は、北枝、句空と同じく、芭蕉が金沢を訪れた時に入門した。

問 1

金沢ことばで「よぼる」は(　　)という意味である。

① 徹夜する　② 招かれる

③ 呼ぶ　④ よぼよぼに年をとる

問 2

「雨に濡れる状態」は金沢ことばで(　　)という。

① したるい　② へしない

③ てきない　④ ひねくらしい

金沢で人を指して使われることばのうち、男性を指すことばでないのは(　　)である。

① あんさ　② あんか

③ あんにゃま　④ あんま

問 4

「ちゃーつかん」は(　　)の意味として金沢で使う。

① 落ち着かない

② どうにもならない

③ 言うことをきかない

④ 道に迷う

答1

③ 呼ぶ

「おい、あいつをよぼってこいま」(おい、あいつを呼んでこいよ)などと使う。このほか、ユニークな金沢ことばの動詞では、「あしめにする」(当てにする)「がっぱになる」(一生懸命になる)、「なごなる」(体を伸ばして横になる)、「めとにする」(バカにする)、「ちみる」(つねる)、などがある。

答2

① したるい

「したるい」については、語源がはっきりしないが、「しなだれている」「なよなよしている」を意味する古語「したるし」が「したるい」となり、意味も変化したものと考えられる。「へしない」(遅い)、「てきない」(体がつらい)、「ひねくらしい」(大人びた、ませた)。

答3

③ あんにゃま

「あんにゃま」は、「あんにゃ」が「兄」を連想させて「お兄さん」と解されがちだが、おそらく「姉ま(あねま)」の発音が「あにゃま」「あんにゃま」と変化して生まれた形と考えられる。「あんさ」「あんか」「あんま」はいずれも金沢ことばで「(兄弟の)兄」や他家の若い男性を指して使われる。

答4

② どうにもならない

似たような金沢ことばに「ばっかいならん」(どうしようもない)がある。「ちゃ」がつく金沢ことばでは「だちゃかん」があり、これは駄目という意味で、元々「埒(らち)あかん」が近畿地方から入ってきたのが変化したと考えられる。ちなみに「埒があく」の言葉が井原西鶴(さいかく)の「日本永代蔵(えいたいぐら)」に登場する。

問 5

「ごきみっつぁんな」は金沢ことばで(　　)を意味する。

① 気の毒に　② 気味悪い
③ ありがとう　④ ご苦労さん

問 6

金沢ことばで「げんげんぼう」という魚は(　　)である。

① シタビラメ　② ノドグロ
③ ウツボ　④ ノロゲンゲ

金沢ことばで「わなる」というのは(　　)の意味である。

① だます　② どなる
③ おどかす　④ なかなおりする

問 8

「横着な」を意味する金沢ことばは(　　)である。

① がまな　② いさどい
③ いじくらしい　④ げんぞらしい

答5

③ ありがとう

最近は、年配者でもあまり使わない金沢ことばである。「ありがとう」は金沢ことばでこのほか「あんやと」ともいう。また、「気の毒な」は金沢ことばでは「かわいそうに」ではなく、「ありがとう」の感謝の気持ちを伝える言葉。あいさつの言葉で「おゆるっしゅ」は「よろしく」の意。これも使われなくなった。

答6

④ ノロゲンゲ

北陸で冬から早春にかけて採れる深海魚で、鮮魚店の店頭に並ぶ。くねくねして、体表にぬめりが多いことから「くにゃら」とも言う。さっぱりした白身でぷりぷりした食感、ぶつ切りにして味噌汁や、すまし汁の具にして食する。地域によっては、天ぷらで食べるところもある。

答7

② どなる

「わなる」は「どなる、叫ぶ、わめく」の意味で、かつての京ことばが金沢に伝播して、方言として使われているとみられる。

「日本方言大辞典」によると、金沢を含む石川県内のほか、山梨、新潟・佐渡、富山、滋賀、兵庫、鳥取の各県などに広く分布している。

答8

① がまな

「がまな」は「我慢な」が語源とされる。現代語とは異なり、「我慢」は本来、仏教用語であり、「自分自身に執着しておごり高ぶること、わがままなこと」の意味。近世の上方(かみがた)ことばでも「我慢者」は「わがままな人」という意味だった。その「我慢」本来の意味に近い金沢ことばである。

金沢ことばで、古くから鉛筆の先がとがった状態を指して使われてきたのは(　　)である。

① つんつん　② ぴんぴん

③ けんけん　④ つくつく

金沢ことばで「そらあるき」とは(　　)を意味している。

① よく晴れた冬の朝に、固くなった雪の上を歩くこと
② 小雨であれば少し濡れても傘を差さずに歩くこと
③ 歌を口ずさんで歩くこと
④ 行く先を決めずに歩くこと

「ずこてん」は金沢ことばで(　　)を意味する。

① でんぐり返り
② 思い上がること
③ はかりごと
④ ズワイガニの足の天ぷら

問12

金沢ことばで「ゆったりとくつろぐ様子」を(　　)という。

① やちやちと　② ひねくらしい

③ いんぎらーと　④ らくまつな

答 9

③ **けんけん**

「けんけん」は、鉛筆の先がとがった状態を刀(剣)の先にたとえた「剣剣」に由来すると考えられる。「ぴんぴん」は、金沢の若い世代が新しく使い始めている言い方。「つんつん」は石川県の一部と福井県嶺北地方で、「つくつく」は富山県で使われる言い方である。

答 10

① **よく晴れた冬の朝に、固くなった雪の上を歩くこと**

冬のよく晴れた日の朝、積もった雪が放射冷却現象で固く凍って、普段歩けないような田んぼの上や道路を歩いたり、走り回ったりすることをいう。「(雪の)上」の意味の「そら」、あるいは白い雪を雲に見立てて、まるで「空」を歩くようだというところから生まれた方言と考えられる。

答 11

② **思い上がること**

金沢では「彼はちょっこし、ずこてんになっとる」(彼は少し思い上がっている)などという。ずこは頭を指す。「てん」は有頂天の「天」と同じ意味で何かいいことがあると有頂天になることも、こう表現する。このほか、体の部分では「額(ひたい)」のことを「むけんぱち」という。

答 12

③ **いんぎらーと**

「いんぎらーと飲んでくまっし」(ゆったりとして飲んでいって)などと使う。「おんぼらーと」は「ゆっくりと」の意味でゆとりを示す金沢ことば。「やちやちと」は「あわてて」、「ひねくらしい」は「おとなっぽい」、「らくまつな」は「いい加減な」「のんきな」の金沢ことば。

金沢ことばの擬態語「きときと」は(　　)様子を指す。

① お湯が沸騰している
② 飲み物がよく冷えている
③ 液体がこぼれんばかりに容器いっぱいに入っている
④ 魚介類が採れ立てである

金沢育ちの経営者は「何とあせくらしいがいや」が口癖になっている。この形容詞は(　　)という意味である。

① 暑苦しい　② わずらわしい
③ うっとうしい　④ 忙しい

金沢では「がんもどき」のことを「ミイデラ」あるいは「ヒロズ」ということがあるが、「ヒロズ」は(　　)語に由来する。

① スペイン　② ポルトガル
③ オランダ　④ フランス

「おしずかに」という金沢ことばは(　　)に使われる。

① 客を見送るとき
② 休息してほしいとき
③ 行儀よくしてほしいとき
④ おとなしくしてほしいとき

答13

④ 魚介類が採れ立てである

近江町市場で売り子が「さあ、きときとのブリやぞ。買うてくまっし」などと使い、魚介類が採れ立てなのを表現する。「きときと」は富山県西部などでも使われる。金沢ことばで、お湯が沸騰しているのは「ちんちんに沸いている」、液体がこぼれんばかりに容器に入っているのは「つるつるいっぱい」という。

答14

④ 忙しい

「あせくらしい」または「あせない」ともいい、「せわしない」「いそがしい」を意味する。「うっとうしい」には「いじるかしい」または「いじっかしい」を充てる。「やちやちな」（あわてた、急いだ）仕事を命じられると、従事する人は「何とあせくらしいがいや」とぼやくことになる。

答15

② ポルトガル

「がんもどき」を示す「ひろず」は、ポルトガル語の「フイリヨース」に由来すると伝えられており、京都や上方（かみがた）から入って、庶民に広まったと考えられる。かぼちゃを金沢ことばで「ボブラ」というが、これは中世末期にキリシタンの宣教師が京都に伝えたポルトガル語の「ボーブラ」に由来している。

答16

① 客を見送るとき

「おしずかに」は「お静かに」に由来する表現だが、金沢ことば特有の意味としては、客を見送るとき、「（帰途が）静穏であってほしい」つまり「静穏無事であってほしい」という願いが込められる。かつて茶屋街などで、年配の芸妓などがよく口にしていた。

世界的化学者の高峰譲吉は、加賀藩文学校の(　　)で学び、13歳の時に長崎に留学した。

① 時習館(じしゅう)　② 明倫堂(めいりん)
③ 弘道館(こうどう)　④ 経武館(けいぶ)

高峰譲吉が開発した「タカジアスターゼ」とは(　　)のことである。

① 消化剤　② ホルモン
③ ウイスキー　④ 止血剤

黒川良安(まさやす)が長崎から持ち帰ったキンストレーキと呼ばれる(　　)は金沢市指定文化財に指定されている。

① 骨格標本　② 人体模型
③ 原色解剖図鑑　④ 種痘接種法

金石で生まれ、わが国屈指の総合商社として繁栄した旧安宅産業の創始者・安宅弥吉の号は(　　)である。

① 事案　② 自案　③ 自安　④ 時安

答1

② 明倫堂

明倫堂は1792(寛政4)年に11代藩主治脩(はるなが)の時に設立され、1870(明治3)年まで存続した。兼六園内の現・金澤神社及び通称長谷川邸宅跡(現・梅林付近)や仙石町などに構えた。医師の父が加賀藩に招かれ、1歳で金沢に移り住んだ高峰譲吉は1862(文久2)年に明倫堂に入り、3年後に藩から選ばれて長崎へ渡った。

答2

① 消化剤

麹(こうじ)菌から開発された消化剤の「タカジアスターゼ」は、世界で最初に酵素を使った薬である。高峰の業績として知られるもう一つの「アドレナリン」は牛の副腎から抽出し、手術の時などに使われる止血剤で、ホルモンの純粋抽出では世界初。高峰は「近代バイオテクノロジーの父」と呼ばれる。

答3

② 人体模型

キンストレーキはオランダ語で「人工の死体」を意味する。1868(明治元)年に黒川良安が加賀藩の命を受けて、長崎で購入し、翌年金沢に持ち帰った。学生の実習に献体が用いられるようになる明治後期まで医学教育に活用された。現在、金大に所蔵されている。

答4

③ 自安

安宅弥吉は同郷の仏教哲学者・鈴木大拙(だいせつ)が集めた禅文献を基に鎌倉市にある臨済宗円覚寺派・東慶寺の「松ケ岡文庫」創設を経済的に援助した。松ケ岡文庫の入り口には弥吉の頌徳碑(しょうとくひ)が建ち、この碑に「自安」と書かれている。弥吉は後に大阪商工会議所の会頭も務めた。

問5

イギリス人語学教師の(　　)は金沢藩に雇用されたお雇い外国人教師で、七尾軍艦所内の語学所に着任した。

① **ホルトルマン**　② **オーズボン**

③ **スロイス**　④ **デッケン**

問6

「加賀の平賀源内」と呼ばれた(　　)は、多くのからくりを制作した天才肌の人物であったといわれる。

① **大野弁吉**　② **銭屋五兵衛**

③ **松田東英**　④ **猪山直之**

問7

絹力織機の発明者・津田米次郎が、当初製作を試みたジャカード機とは、いわゆる(　　)のことである。

① **紋織機**　② **紡績機**

③ **整経機**　④ **繰糸機**

問8

1874(明治7)3月、長谷川準也(後の2代目金沢市長)が長町川岸に開設した金沢製糸場の工場建設には(　　)と鍛治職太田篤敬が当たった。

① **津田米次郎**　② **津田吉之助**

③ **津田駒次郎**　④ **津田玄蕃**

答5

② オーズボン

英・ロンドン生まれのパーシヴァル・オーズボンは、加賀藩が初めて雇った外国人教師である。1870(明治3)年、七尾で英語の指導を始め、金沢の藩立英学校でも教鞭(きょうべん)を取った。教え子には化学博士の高峰譲吉や理学博士の桜井錠二(じょうじ)ら後に世界で活躍する者もいた。

答6

① 大野弁吉

大野弁吉は1801(享和元)年、京都の羽細工師の子として生まれた。長崎で理化学、医学、天文学、航海術などを修得し、29歳の時に、妻の実家があった金沢の大野に移り住んだ。天才肌の弁吉は当時の先進的な科学技術を用い、写真機や三番叟(さんばそう)人形(歩くからくり人形)など数多くのからくりを作った。

答7

① 紋織機

津田米次郎はパンチカードを用いて様々な模様を織るジャカード機を改良後、国内で初めて絹を織る力織機を発明した。能率は旧式の手織機の３倍を超え、明治40年代前半には石川の輸出用羽二重(はぶたえ)(絹織物)は、全国生産の３分の１を占めるまでに成長した。卯辰山中腹には銅像が建立されている。

答8

② 津田吉之助

金沢製糸場は開設時、富岡製糸場(現・世界遺産＝群馬県富岡市)に次ぐ全国第２の規模(操糸機100台、従業員200余人)を誇った。大工棟梁の津田吉之助らは富岡製糸場を視察し、これを模範として建設に当たった。1875(明治８)年には国重要文化財の尾山神社神門が吉之助の指揮で完成した。

問9

現在の今町出身の技師、八田與一（よいち）が行った灌漑（かんがい）施設工事によって潤されたのは台湾の(　　)平原である。

① **嘉東**　② **嘉西**　③ **嘉南**　④ **嘉北**

問10

「Z 項」の存在を発見し、世界の天文学に貢献した理学博士で、第１回文化勲章を受章したのは金沢出身の木村栄（ひさし）である。この「Z 項」とは(　　)を計算する時に用いられる。

① **地球と月の距離**　② **地球の自転速度**

③ **地球の大きさ**　④ **緯度の計測**

問11

日本近代化学の父といわれる(　　)は、加賀藩士の家に生まれ、イギリス留学にあたり、改名したとされる。

① **飯盛里安**（いいもりさとやす）　② **桜井錠二**（じょうじ）

③ **桂田富士郎**　④ **辰巳一**（はじむ）

問12

「ポンプの神様」の異名をとった金沢出身の(　　)は、明治30年代に画期的な渦巻きポンプを考案、実用化した。

① **井口在屋**（いのくちありや）　② **畠山一清**（いっせい）

③ **三浦彦太郎**　④ **荏原吉之助**（えばら）

答9

③ 嘉南

嘉南平原は台湾中部にある嘉義市から台南市にかける広い地域。八田與一は東京帝大卒業後、嘉南平原で巨大な灌漑ダムを建設して水害、干害などに苦しむ農民を救い、現地では「嘉南大圳(たいしゅう)の父」として今も尊敬される。2011(平成23)年に功績をたたえる記念公園が台南市に完成した。

答10

④ 緯度の計測

1870(明治３)年、泉野町に生まれた木村栄は1902(同35)年、地球の緯度変化の計算式である第３項「Z項」を発見した。それまで緯度はX項、Y項を使う公式で計算していたが、Z項を加えることで地球上のどの場所でも従来以上に正確に計測できるようになった。

答11

② 桜井錠二

1858(安政５)年、東山に生まれた桜井の幼名は錠五郎。大学南校(のちの東大)で化学を学び、英ロンドン大学留学の際、外国人が発音しやすいように「錠二」と改名した。日本学術会議の前身である学術研究会議や理化学研究所の創設に尽力した。帝国学士院長なども歴任した。

答12

① 井口在屋

1856(安政３)年、柿木畠に生まれた井口在屋は、羽を回転させ水を吸い上げる「渦巻きポンプ」を考案した。最初の作品で吹き上げた水は世界最高の40㍍に達した。東大で教えた畠山によって渦巻きポンプを作る会社が設立され、その企業は現在の荏原製作所(本社・東京)である。

問13

金沢の実業家(　　)は1895(明治28)年、犀川上流に石川県初の水力発電所となる辰巳発電所を設けた。

① 湯浅七左衛門　② 森下八左衛門
③ 林安繁　④ 浦上太吉郎

問14

旧制四高、東大を卒業し、住友財閥の総理事も務めた(　　)は、戦時中の第２次、第３次近衛文麿内閣で大臣を務めた。

① 中橋徳五郎　② 野口 遵（したがう）
③ 小倉正恒（まさつね）　④ 山岡順太郎

問15

金沢の婦人参政権運動の中心的な役割を担い、戦後、衆議院議員になったのは、(　　)である。

① 高橋ふみ　② 駒井志づ子
③ 樫田ミサヲ　④ 米山久子

問16

日本の工業化学の草分けの一人として、炭酸ソーダやアンモニアなどの製造法の研究に成果を残したのは(　　)である。

① 高橋順太郎　② 桜井省三
③ 原龍三郎　④ 南喜一（きいち）

答13

② 森下八左衛門

尾張町の和菓子商「森下屋(森八)」12代目の森下八左衛門は東京からの帰り道、静岡で電灯を見て感激し、「まだこのような文明開化の恵みを受けていない金沢で実現したい」と誓い、金沢市電気株式会社を創立した。1900(明治33)年には辰巳発電所が完成、同市および近郊で2276灯の電灯が県内で初めてともった。

答14

③ 小倉正恒

1875(明治８)年、森山生まれの小倉正恒は四高で徳田秋声と同級生である。東京帝大卒業後、内務省に入り、２年後に住友に勤めた。1930(昭和５)年から住友財閥の最高責任者になり、企業経営を徹底して合理化し、37(同12)年には株式会社化を実現。国務相や蔵相なども務めた。

答15

④ 米山久子

第二次世界大戦の前まで女性に参政権がなく、尾張町生まれの米山久子、池田町生まれの駒井志づ子らが男女普通選挙の運動を進めた。戦後、実現すると、社会党から立候補した米山は衆院選で当選、女性として初めて国会で演説した。駒井は県議となり、女性で全国初の県議会副議長に就いた。

答16

③ 原龍三郎

1888(明治21)年に材木町に生まれた原龍三郎は東京帝大応用化学科を卒業。液体アンモニアを利用する新しい分野の研究を行い、東北帝大に設置された非水溶液化学研究所の初代所長に就いた。1954(昭和29)年、日本化学会会長に就き、63(同38)年、75歳の時に文化功労者となった。

問17

1934（昭和9）年に「日本野鳥の会」を創設した長町生まれで文化功労者の中西悟堂（ごどう）が初めての「探鳥会」を行ったのは（　　）のふもとである。

① 白山　② 富士山
③ 立山　④ 浅間山

問18

日本水産業の近代化の礎を築いた（　　）は、わが国最初のマッコウクジラの捕獲やサケ・マスの人工孵化（ふか）・放流事業に取り組んだ。

① 荒崎良道（りょうどう）　② 関沢明清（あけきよ）
③ 斉藤知一（ともかず）　④ 藤本吉二

問19

慶応期に、函館でロシア人司祭官ニコライに学び、明治初期にニコライの斡旋（あっせん）で日本人初のシベリア横断を成し遂げたのは（　　）である。

① 関沢孝三郎　② 伍堂卓爾（ごどうたくじ）
③ 安達幸之助　④ 嵯峨寿安（じゅあん）

問20

広坂に創設された、第四高等中学校の初代校長は、（　　）である。

① 溝淵進馬（しんま）　② 伊藤武雄
③ 柏田盛文（もりふみ）　④ 北条時敬（ときゆき）

答17

② 富士山

中西悟堂は青年時代、短歌や詩、小説などを執筆するなど文学の分野でも活躍した。1934(昭和９)年、静岡県の富士山麓・須走(すばしり)で、日本最初の探鳥会を開催し、柳田国男や北原白秋、金田一京助ら文人を含め34人が参加した。「野の鳥は野に」と鳥を愛(め)で、「野鳥」という言葉を広めた。

答18

② 関沢明清

1863(文久３)年に藩の軍艦運用方棟取役となった味噌蔵町出身の関沢明清はその後、英国に留学。73年のウイーン万博で世界の水産業近代化を実感し、技法の研究を進めた。77年に内務省に水産掛を設け、東大農学部の前身となる農学校の初代校長に就いた。発案した「マグロはえ縄漁」にも参加した。

答19

④ 嵯峨寿安

嵯峨寿安は15歳の時、黒川良安(まさやす)に医学と蘭学を学び、金沢で眼科医となった。藩校で教鞭(きょうべん)もとるが、大陸での可能性に魅かれ、ロシア軍艦の函館入港に際し、ニコライと出会う。加賀藩からロシア留学の命を受けて函館を出港、８カ月に及ぶ過酷なシベリア単独横断だった。

答20

③ 柏田盛文

柏田盛文は郷里鹿児島県で県議・議長を務めた。1889(明治22)年に四高の校長に就き、後に茨城、新潟県の知事を歴任。西田幾多郎は四高在学中、藤岡作太郎らと作文の合評会「我尊会(がそんかい)」を結成、活発な意見を交わしていたが、柏田校長の教育方針に反発し、中退を余儀なくされた。

1861(文久元)年、信州の松本で生まれた(　　)は、1893(明治26)年に金沢で北國新聞を創刊し、自ら社長・主筆となった。

① **林政文**　② **石橋忍月**
③ **赤羽萬次郎**　④ **桐生悠々**

明治時代に新聞記者として活躍する傍ら、「金城美譚如月雪」などの実録を刊行、「北陸新報」主筆時代の赤羽萬次郎を紹介した「故赤羽先輩伝」を発表したのは、(　　)である。

① **山田良行**　② **高柳真三**
③ **黒本稼堂**　④ **石井一蛙**

問23

金星の太陽面通過を日本人として初めて写真撮影に成功したのは(　　)である。

① **宇苗長造**　② **横山隆興**
③ **中山又次郎**　④ **清水誠**

石川県人で初の首相である小立野生まれの林銑十郎と石引生まれで２人目の首相である阿部信行のいずれの内閣にも入閣した(　　)ら同郷の人材を重用したことから、2つの内閣は「加賀内閣」と呼ばれた。

① **武部英治**　② **木越安綱**
③ **伍堂卓雄**　④ **内海吉造**

答21

③ 赤羽萬次郎

赤羽萬次郎は幼少期、儒学者に学び10代で就いた小学校教師の傍ら民権運動に身を投じた。20歳前に東京に出て記者に。その後、北陸新報編集長に招かれ、93年に北國新聞を創刊､｢ふるさとの森羅万象の案内者をめざす」と宣言した。政治面ばかりでなく文化にも手厚い報道の基礎を築いた。

答22

④ 石井一蛙

20歳の時、京都から金沢に移り､｢加越能新聞」(のちの北陸新報、北國新聞)の記者となった石井一蛙は、10代藩主重教(しげみち)の継嗣(けいし)問題などをテーマにした「金城美譚如月雪」を1885(明治18)年から連載。石井の作品は金沢とその周辺を舞台とした、いわゆる実録が多い。

答23

④ 清水誠

加賀藩士の子として御徒(おかち)町(現・東山１丁目)に生まれた清水誠はマッチの国産化に成功したことで知られる。フランスの天体観測隊にも同行し、1874(明治７)年12月９日の太陽面通過を神戸で観測した。神戸市の諏訪(すわ)山金星台には清水らの功績を称えた記念碑が建つ。

答24

③ 伍堂卓雄

伍堂卓雄は海軍造兵中将、昭和製鋼所社長などの経歴を持つ。林銑十郎は1937(昭和12)年、同郷の伍堂を商工相兼鉄道相、中村孝太郎を陸軍相にそれぞれ任命した。阿部信行は39(同14)年、永井柳太郎を逓信相兼鉄道相、伍堂を農林相兼商工相に任命、いわゆる「加賀内閣」を組閣した。

1917(大正6)年の衆院議員選挙で落選した永井柳太郎は、兼六公園で行った演説で(　　)と語った。

① 「西にレーニン、東に原敬あり」
② 「北にレーニン、南に原敬あり」
③ 「駆けり、飛べり、崩れたり」
④ 「来たり、見たり、敗れたり」

金沢泉丘高校の校庭に建つ日露戦争戦没者を顕彰する「巌霜碑(げんそうひ)」の碑文は(　　)が起草した。

① 藤本純吉　② 三宅雪嶺(せつれい)
③ 後藤程乗(ていじょう)　④ 北条時敬(ときゆき)

問27

第四高等学校教授時代の西田幾多郎は倫理学、心理学、ドイツ語を教えると同時に、卯辰山の麓(ふもと)にあった(　　)の草庵・洗心庵(せんしんあん)で参禅に励んだ。

① 今北洪川(こうせん)　② 釈宗演(そうえん)
③ 鈴木大拙(だいせつ)　④ 雪門玄松(せつもんげんしょう)

浄土真宗本願寺派の僧侶として教団の改革を図るとともに、学識によって与えられる宗門最高の「勧学(かんがく)」となったのは(　　)である。

① 赤松連城(れんじょう)　② 石川舜台(しゅんたい)
③ 北方心泉(しんせん)　④ 高光大船(だいせん)

答25

④「来たり、見たり、敗れたり」

永井柳太郎は加賀藩士族の長男として中主馬（しゅめ）町(現・菊川2丁目)に生まれた。大隈重信の薫陶（くんとう）を受け、早稲田大学の雄弁会で活躍。1917(大正6)年の第13回衆議院選挙に出馬し、政友会の中橋徳五郎に惜敗した時、初陣を飾れなかった永井が兼六公園で行った感謝演説の一節である。

答26

② 三宅雪嶺

厳霜碑は日露戦争で命を落とした金沢第一中学校生徒の御魂（みたま）を祀（まつ）るため1908(明治41)年10月15日に建立された。以後、この日を同校の創立記念日とした。現在は全物故同窓会員の慰霊碑となる。新竪町生まれの三宅雪嶺は近代を代表するジャーナリストであり、哲学者・歴史家である。

答27

④ 雪門玄松

雪門玄松は高岡市にある臨済宗国泰（こくたい）寺の管長を務め、後に在家禅を推進しようと卯辰山の洗心庵で暮らした。雪門が国泰寺にいた時、鈴木大拙が参禅しようと訪れたが、追い返されたというエピソードもある。雪門老師のことは、水上勉が「破鞋（はあい）」で評伝を書いている。

答28

① 赤松連城

大工町に生まれた赤松連城は本山から派遣されてイギリスに留学、現地で木戸孝允（たかよし）らとしばしば会い、宗教事業を学んだ。帰国後、本山改革運動を起こした。当時、明治政府は神道による思想統一を目指していたが、赤松は分離運動を支援。仏教大学(現・龍谷大学)の学長も務めた。

問29

明治新政府の公議人（こうぎにん）(議論を代表する立場の政府の議員)として加賀藩内とのパイプ役を務めたのは(　　)である。

① **佐野鼎（かなえ）**　② **関沢孝三郎**

③ **木谷吉次郎**　④ **岡田雄次郎**

問30

銭屋五兵衛の次男佐八郎の妻ていは、望遠鏡や顕微鏡を製作して藩主に献上したことで知られる(　　)の娘であり、五兵衛は彼との交流で科学的知見を深めたという。

① **松田東英（とうえい）**　② **大橋作之進**

③ **高多久兵衛**　④ **西川長右衛門**

問31

尾山神社に碑がある(　　)は、捕鯨（ほげい）機を製造した。

① **河波有道（ありみち）**　② **田中鉄吉（おのきち）**

③ **山岡順太郎**　④ **山崎延吉（のぶよし）**

問32

北陸史談会や北陸人類学会の創設に尽力した(　　)は、第四高等中学校の国語・漢文の教師であった。

① **須藤求馬（もとめ）**　② **日置（へき）謙**

③ **北山重正**　④ **森田平次**

答 29

④ **岡田雄次郎**

加賀藩中級藩士の家に生まれた岡田雄次郎は航海術を修め、藩の洋学校壮猶館（そうゆうかん）の航海学生頭取、軍艦頭取を務めた。版籍奉還に不満を唱える藩士たちを説得し、藩内の反政府的な動きを封じ込めた。維新後は新政府が派遣した欧米視察団の一員として諸国も巡り、石川、日本の近代化に尽力した。

答 30

① **松田東英**

金沢で医業に励んだ眼科医の松田東英は長崎、江戸で勉強、杉田玄白の息子・立卿（りゅうけい）とともに「眼科新書附録」の翻訳を担い出版した。1830（天保元）年に顕微鏡、32年に望遠鏡を製作した。37年、加賀藩士で学者の遠藤高璟（たかのり）を通して13代藩主斉泰（なりやす）に献上し、称賛された。

答 31

① **河波有道**

1822（文政５）年生まれの河波有道の家は、代々加賀藩老臣の本多家に仕えた。明治維新後、明倫堂助教を務め、家塾も開き数千人がその門を出た。物理学、農学など多分野を教えたが、特に力を注いだのは捕鯨であり、製造した捕鯨機を徳光浜で試み巨鯨を捕獲した。県の捕鯨の始まりである。

答 32

① **須藤求馬**

須藤求馬は1892（明治25）年７月、創立間もない第四高等中学校で教職に就き、後に北陸人類学会を創設。学会の活動は明治期の考古学史に寄与した。95年発会の四高史談会から発展した北陸史談会は北陸の文書史料の収集・研究を通じて国史編纂（へんさん）の向上に寄与した。

金沢検定

第18回

問題と解答

第18回
金沢検定試験問題
《初級》

【1】金沢の最近の話題や出来事、まちづくりに関する問題です。以下の文章を読んで、かっこ内に入る適切な語句を選びなさい。

（1）市が（　　　）町で整備中の新・金沢市民サッカー場は、2024年シーズンからＪ２のツエーゲン金沢のホームスタジアムとすることが決まった。

①　**大浦**　　②　**松寺**
③　**高柳**　　④　**磯部**

（2）石川県茶道協会は来年秋に県内で開催される国民文化祭を見据え、県、金沢市と連携し、「加賀茶道」振興のための（　　　）を提言した。

①　**茶道博覧会の開催**　　②　**茶道会館の建設**
③　**茶道美術館の建設**　　④　**茶道塾の開設**

（3）金沢学院大が主催する第28回島清恋愛文学賞は「余命一年、男をかう」（講談社）の著者で浜松市生まれの（　　　）さんが受賞した。

①　**吉川トリコ**　　②　**氷室冴子**
③　**新井素子**　　④　**藤本ひとみ**

（4）金沢・神戸両港を発着するクルーズ船航路の、振興に関する連携協定が結ばれたことを記念する船旅第1弾として、豪華客船「（　　　）」が9月、金沢港に3年ぶりに寄港した。

① **ぱしふぃっくびいなす**
② **にっぽん丸**
③ **飛鳥Ⅱ**
④ **クイーン・エリザベス**

（5）金大工学部跡にオープンした新県立図書館の愛称は「（　　　）ビブリオバウム」として発表されたが、当初から賛否両論が際立った。

① **加能書府**　　② **いしかわ**
③ **百万石**　　④ **かなざわ**

（6）2023年秋に開催される国民文化祭（いしかわ百万石文化祭2023）のアンバサダー（大使）に任命された（　　　）は金沢市出身ではない。

① **寺島拓篤**　　② **新田さちか**
③ **篠井英介**　　④ **田中美里**

（7）市は（　　　）技術を活用し、文化施設の展示品にスマートフォンをかざして動画などを鑑賞するアプリを開発し、来館者に喜ばれている。

① **ＡＩ**　　② **ＩＲ**
③ **ＡＲ**　　④ **ＩＴ**

（8）国宝や重要文化財建築の保存修理に欠かせない認定技術者の研修を（　　　）が担うことになった。

① **金沢卯辰山工芸工房**　　② **金沢職人大学校**
③ **金沢美術工芸大学**　　④ **金沢湯涌創作の森**

(9) 金沢の食文化の豊かさを発信するため、毎月22日を「金沢市民（　　　）の日」と定めて、今年で４年目を迎えた。

① **朝がゆ**　② **おすし**
③ **カレー**　④ **おでん**

(10) 今年、新校舎が完成した（　　　）小学校では体育館の屋上にプールが設けられ、６月の初泳ぎでは児童が水中で「若い力」を演舞した。

① **犀桜**　② **泉**
③ **中央**　④ **朝霧台**

【2】金沢の歴史に関する問題です。以下の文章を読んで、かっこ内に入る適切な語句を選びなさい。

(11) 縄文時代晩期の（　　　）遺跡では、下地に黒漆を塗り、編み籠に漆を重ね塗りした籃胎（らんたい）漆器も出土した。

① **御経塚**　② **新保本町チカモリ**
③ **笠舞**　④ **中屋サワ**

(12) （　　　）遺跡からは、奈良の平城宮と同じ文様の軒瓦が大量に出土し、加賀郡司の道君（みちのきみ）が建立した寺院跡と考えられている。

① **畝田・寺中**　② **広坂**
③ **西念・南新保**　④ **金石本町**

(13) 越前国から独立した（　　　）国は来年、立国1200年を迎える。

① **金澤**　② **尾山**
③ **加賀**　④ **古志**

(14) 倶利伽羅の戦いで平家の軍勢を破った（　　　）は、現在の広岡あたりで陣を敷いたと考えられている。

① 源頼朝　② 源義経
③ 木曽義仲　④ 木曽義高

(15) 1546（天文15）年、本願寺の10代証如（しょうにょ）によって、本願寺末寺として金沢御堂（みどう）が現在の（　　　）付近に建立されたと考えられる。

① 卯辰山　② 金沢城公園
③ 西別院　④ 東別院

(16) 1575（天正3）年9月、織田信長は越前を平定し、後に加賀藩祖となる前田利家を（　　　）の城主とした。

① 敦賀　② 北ノ庄
③ 金津　④ 府中

(17) 前田家墓所は、利家が1587（天正15）年に兄の（　　　）を埋葬したのちに形成されたと伝えられる。

① 利久　② 利昌
③ 利貞　④ 慶次

(18) 利家の3女（　　　）は豊臣秀吉の側室となり、「加賀殿」と呼ばれた。

① 幸姫　② 摩阿姫
③ 豪姫　④ 菊姫

(19) 夫の死後に出家して（　　　）と呼ばれたのは、利家の正室まつである。

① 芳春院　② 高台院
③ 天徳院　④ 善良院

(20) 大坂の陣で徳川秀忠に味方し、その功績により利家の5男利孝は（　　　）の初代藩主となった。

① **大聖寺藩**　② **七日市藩**
③ **富山藩**　④ **勝山藩**

(21) 加賀藩4代藩主前田光高が正室に迎えたのは、水戸光圀（みつくに）の姉（　　　）である。

① **珠姫**　② **永姫**
③ **豪姫**　④ **大姫**

(22) 1685（貞享2）年の「加越能寺社由来」によれば、城下町金沢の寺院数は約330あり、宗派別では浄土真宗の62が最多で、次いで（　　　）の54であった。

① **法華宗**　② **律宗**
③ **曹洞宗**　④ **黄檗（おうばく）宗**

(23) 金沢城公園玉泉院丸庭園の中核部に存在する色紙短冊積（しきしたんざくづみ）石垣は、石垣としては極めてユニークな意匠で知られ、前田（　　　）の時代の造営と推定されている。

① **利長**　② **利常**
③ **光高**　④ **綱紀**

(24) 4代藩主光高が幕府の許可を受け金沢城内に勧請（かんじょう）した東照宮が、（　　　）の始まりである。

① **宇多須神社**　② **尾﨑神社**
③ **金澤神社**　④ **久保市乙剣宮**

(25) 金沢城二の丸御殿は、1631（寛永8）年の（　　　）により新たに造営されたものである。

① **徳川家康病死**　② **参勤交代制確立**
③ **本丸被雷**　④ **大火**

(26) 加賀藩5代藩主前田綱紀の正室は、将軍徳川家光の弟で会津藩主（　　　）の娘である。

① 水野忠邦　　② 柳沢吉保
③ 保科正之　　④ 徳川光圀（みつくに）

(27)「加賀騒動」の中心人物となる大槻伝蔵を登用し、改革に当たらせたのは6代藩主（　　　）である。

① 利玄（としはる）　　② 宗辰（むねとき）
③ 安勝（やすかつ）　　④ 吉徳（よしのり）

(28) 加賀藩最後の藩主となったのは14代（　　　）である。

① 治脩（はるなが）　　② 斉泰（なりやす）
③ 慶寧（よしやす）　　④ 利為（としなり）

(29) 加賀藩前田家の居城として約300年続いた金沢城は、1871（明治4）年の廃藩置県で（　　　）の管轄となった。

① 内務省　　② 文部省
③ 逓信省（ていしん）　　④ 兵部省（ひょうぶ）

(30) 県内にも鉄道が敷かれた翌年の1898（明治31）年4月に北陸線の金沢駅が開業した際、一番列車は（　　　）駅を出発したのち、金沢に到着した。

① 小松　　② 高岡
③ 東金沢　　④ 津幡

(31) 昭和前期、国策として中国大陸に日本人が入植した満蒙開拓では、金沢出身の（　　　）が拓務大臣として移民を推進した。

① 永井柳太郎　　② 中村孝太郎
③ 小倉正恒（まさつね）　　④ 木越安綱

(32) 「社会福祉の祖」といわれる金沢出身の慈善事業家小野太三郎ゆかりで、三口新町にある「陽風園」の前身は（　　　）にあった「小野慈善院」である。

① **深谷町**　② **東御影町**
③ **常盤町**　④ **山科町**

(33) 毎年開催される高等学校相撲金沢大会の第１回大会は、1915（大正４）年６月に（　　　）の特設相撲場で開かれた「学生角力（すもう）大会」である。

① **金石**　② **大野**
③ **粟ヶ崎**　④ **卯辰山**

(34) 金沢 21 世紀美術館は、金沢大学附属中学校・小学校・幼稚園の跡地で、さらにそれ以前は（　　　）であった。

① **金城高等女学校**
② **金沢医学専門学校・薬学専門学校**
③ **金沢高等師範学校**
④ **金沢第二高等女学校・女子師範学校**

(35) 1881（明治 14）年１月 10 日、旧金沢城の二の丸建物を焼失した火災が、金沢城にとって６回目の失火であったことが、当時城内に駐留した歩兵（　　　）の記録に残されている。

① **第７連隊**　② **第８連隊**
③ **第９連隊**　④ **第 10 連隊**

【3】金沢の史跡、庭園、地理、寺社、建造物に関する問題です。以下の文章を読んで、かっこ内に入る適切な語句を選びなさい。

(36) 加賀藩 12 代藩主前田斉広(なりなが)は、隠居所と定めた御殿の庭の入り口に掲げるため、「兼六園」という扁額(へんがく)の揮毫(きごう)を(　　　)に依頼した。

① **新井白石**　　② **松平定信**
③ **水野忠邦**　　④ **勝海舟**

(37) 観音町の浄土宗寿経寺には、米価暴騰に苦しんだ庶民が入山禁止の卯辰山から城に向かって叫んだ「安政の泣き一揆」の首謀者を供養する(　　　)がある。

① **腰巻地蔵**　　② **とげぬき地蔵**
③ **七稲地蔵**　　④ **俵地蔵**

(38) 寺町5丁目の曹洞宗松月寺にある国の天然記念物大桜は「(　　　)」の異名を持つ。

① **藩主桜**　　② **大名桜**
③ **御殿桜**　　④ **拝領桜**

(39) 1878(明治 11)年に大久保利通を東京の紀尾井町で暗殺した(　　　)ら同志は、野町の浄土宗三光寺を集会所とした。

① **田中新兵衛**　　② **猪山直之**
③ **安見与八郎**　　④ **島田一郎**

(40) 兼六園の(　　　)は江戸時代、「竹沢鎮守天満宮」と称した。

① **稲荷社**　　② **白山神社**
③ **尾山神社**　　④ **金澤神社**

(41) 金沢城の石垣には、主に（　　　）から切り出された石が使われているとされる。

① **卯辰山**　② **宝達山**
③ **戸室山**　④ **白山**

(42) 金沢は美しい坂道が多く、なかでも加賀藩の重臣篠原出羽守がつくったと伝えられ、小立野台地から本多町方面に下る（　　　）は、そのロマンにひかれ訪れる人も多い。

① **真弓坂**　② **紺屋坂**
③ **鶴間坂**　④ **嫁坂**

(43) 天神町から宝円寺正面に続く（　　　）は、かつて農民が草刈りのため家畜を引いて上ったことからその名が付いたと伝えられている。

① **山羊坂**　② **馬坂**
③ **牛坂**　④ **羊坂**

(44) 壁面数にして約 500 ある金沢城の石垣は、歴史的にも技術的にも多様性に富み、「石垣の（　　　）」といわれる。

① **展示館**　② **博物館**
③ **美術館**　④ **資料館**

(45) 金沢城には、内・外二重の惣構（そうがまえ）があり、関ケ原の戦い前後には藩主（　　　）の命により造られた。

① **利家**　② **利長**
③ **光高**　④ **綱紀**

(46) 兼六園の雪づり作業は通常、11 月 1 日に（　　　）から始められる。

① **姫小松**　② **唐崎松**
③ **菊桜**　④ **旭桜**

(47) 金沢市内にあるバラ園で有名な公園は（　　　）である。
① **彦三緑地**
② **西部緑地公園**
③ **駅西中央公園**
④ **金沢南総合運動公園**

(48) （　　　）は、泉水・噴水施設・東屋など芸術性の高い独特の造形意匠が見られ、2010（平成 22）年に国の名勝に指定された。
① **成巽閣庭園**　② **心蓮社庭園**
③ **末浄水場園地**　④ **尾山神社神苑**

(49) 兼六町にあるいしかわ生活工芸ミュージアム（石川県立伝統産業工芸館）の建物は、1959（昭和 34）年に建築家（　　　）の設計で建てられた旧石川県美術館である。
① **村野藤吾**　② **谷口吉郎**
③ **丹下健三**　④ **前川國男**

(50) 1923（大正 12）年に建てられた金沢第三中学校校舎の中央玄関棟は今も保存され、（　　　）高等学校の記念館として使われている。
① **金沢桜丘**　② **金沢辰巳丘**
③ **金沢泉丘**　④ **金沢錦丘**

(51) 1907（明治 40）年に造られた金沢貯蓄銀行の建物は、現在尾張町１丁目の（　　　）として利用されている。
① **金沢文芸館**　② **金沢蓄音器館**
③ **老舗交流館**　④ **町民文化館**

(52) 2011（平成 23）年に完成した金沢海みらい図書館は、外壁を約 6000 個の（　　　）が覆う先進的なデザインが特徴的である。

① ＬＥＤ照明　　② 採光窓
③ 格子　　④ 太陽光パネル

(53) 金沢 21 世紀美術館の設計者である SANAA は、建築家（　　　）と西沢立衛のユニットで、2010（平成 22）年に建築業界のノーベル賞に例えられるプリツカー賞、今年９月には「高松宮殿下記念世界文化賞」を受けた。

① 長谷川逸子　　② 工藤和美
③ 妹島和世　　④ 乾久美子

(54) 金沢市では 1999（平成 11）年に、全国初の取り組みとして旧町名「主計（かずえ）町」を復活させ、翌年には「(　　　)」と「下石引町」が続いた。

① 飛梅町　　② 大工町
③ 材木町　　④ 瓢箪町

(55) 独立行政法人国立病院機構金沢医療センター敷地を囲んでいる（　　　）上屋敷跡土塀は、加賀八家（はっか）上屋敷跡で現存する唯一の土塀として、市指定文化財となっている。

① 本多家　　② 奥村家（宗家）
③ 横山家　　④ 村井家

【4】金沢の食文化、習わし、金沢ことばに関する問題です。以下の文章を読んで、かっこ内に入る適切な語句を選びなさい。

(56) 加賀野菜のマスコット「ベジタン」は（　　　）をイメージしたキャラクターである。

① **加賀太きゅうり**　② **ヘタ紫なす**
③ **打木赤皮甘栗かぼちゃ**　④ **たけのこ**

(57) 金沢の郷土料理（　　　）は、旬の野菜を豊富に使った具だくさんの味噌汁を指し、名称もそこからきている。

① **やたら汁**　② **はっと汁**
③ **もっと汁**　④ **めった汁**

(58) 金沢の夏の魚料理の代表格に（　　　）がある。イカなどの腹に野菜入りのおからを詰め、竹串に刺し、たれをつけて焼いたものである。

① **八幡焼き**　② **鉄砲焼き**
③ **丸焼き**　④ **かぶと焼き**

(59) 金沢では、子どもが生まれて初めて迎える正月に、嫁の実家から餅が贈られる風習があり、女の子の場合は（　　　）または巾着（きんちゃく）餅を贈る。

① **杵（きね）巻き**　② **羽二重（はぶたえ）餅**
③ **桜餅**　④ **繭（まゆ）玉**

(60) 金沢の正月の縁起菓子で、打出の小槌や米俵をかたどった皮の中に、土人形や金花糖などが入っている菓子を（　　　）という。

① **福徳**　② **寒紅梅**
③ **辻占**　④ **花びらもち**

(61) 金沢では、カボチャを「ぼぶら」、がんもどきを「ひろず」と言い、両方とも（　　　）語に由来している。

① **フランス**　　② **スペイン**
③ **ポルトガル**　　④ **オランダ**

(62) 金沢生まれのハントンライスの名前の由来は、ハンガリーの「ハン」とフランス語の「トン」を組み合わせたものである。「トン」とはフランス語で（　　　）を意味する。

① **豚肉**　　② **エビ**
③ **マグロ**　　④ **フライ**

(63) 金沢では、一般に頭、殻付きで煮た甘エビを、その姿をよろいに見立てることから（　　　）という。かつて大量にとれた頃は大鉢に盛られ食卓をにぎわせた。

① **かぶと煮**　　② **具足煮**
③ **武者煮**　　④ **甲冑煮**

(64) 加賀獅子舞で、囃子方が入る麻布のカヤに描かれている加賀友禅染めの花模様は（　　　）が多い。

① **向日葵**　　② **菖蒲**
③ **菊**　　④ **牡丹**

(65) 金沢では春と秋の彼岸の中日に、浅野川の上流から下流の橋を順に渡り、無病息災を祈る（　　　）という習わしがある。

① **三つ橋渡り**　　② **五つ橋渡り**
③ **七つ橋渡り**　　④ **九つ橋渡り**

(66) 石浦神社の七五三行事では、子供を（　　　）から飛び降りさせて成長を祈願する。

① **文机**（ふづくえ）　　② **碁盤**（ごばん）
③ **石臼**（いしうす）　　④ **酒樽**（さかだる）

(67) 金沢ことばで「(　　　)」は「かわいそうな」を意味する。

① **かわいらっしゃ**　② **いとしげに**
③ **かなしげに**　④ **あいらっしゃ**

(68) 金沢ことばで、側溝を指す呼称でないのは(　　　)である。

① **ごんぞ**　② **えんぞ**
③ **どぼす**　④ **どぶす**

(69) 金沢ことばで「わやく」は（　　　）を指す。

① **悪口**　② **冗談**
③ **漢方薬**　④ **塗り薬**

(70)「はかどる」ことを金沢ことばでは、「はか(　　　)」という。

① **いく**　② **すく**
③ **のる**　④ **よる**

【5】金沢の美術工芸、芸能に関する問題です。以下の文章を読んで、かっこ内に入る適切な語句を選びなさい。

(71) 石川県立美術館が所蔵する（　　　）作の色絵雉(きじ)香炉は、優美な絵付けなどが評価され、国宝に指定されている。

① **青木木米**　② **野々村仁清**
③ **尾形乾山**　④ **本阿弥光悦**

(72) 江戸後期、再興九谷の最初の窯として金沢で築かれたのは（　　　）である。

① **大樋窯**　② **春日山窯**
③ **熊走窯**　④ **民山窯**

(73) 1887（明治 20）年に開校した金沢工業学校（現在の石川県立工業高校・金沢美術工芸大学）の初代校長は、（　　　）である。

① **浅野惣三郎**（そうさぶろう）　② **久保田米遷**（べいせん）
③ **板谷波山**（はざん）　④ **納富介次郎**（のうとみかいじろう）

(74) 大桑町生まれの（　　　）は、日本芸術院会員、蒔絵の人間国宝であり、文化勲章受章者でもあった。

① **山崎覚太郎**（かくたろう）　② **魚住為楽**（いらく）
③ **木村雨山**（うざん）　④ **松田権六**（ごんろく）

(75) 父の大船（だいせん）が宗教家として知られる金沢出身の洋画家（　　　）は、日本芸術院会員、文化功労者として活躍した。

① **吉田三郎**　② **中川一政**
③ **宮本三郎**　④ **高光一也**

(76) 現代美術展は、今春第 78 回展を迎えた。終戦直後に開催された第 1 回展は日本画、洋画、彫刻、（　　　）の４科で出発した。

① **書**　② **写真**
③ **水墨画**　④ **工芸**

(77)（　　　）流狂言の野村家は代々、町役者として藩の御用を務めた家柄である。

① **大蔵**　② **和泉**
③ **三宅**　④ **金剛**

(78) 1878（明治 11）年、明治維新後（　　　）神社に能舞台が建てられ金沢の能楽の拠点として活用された。

① **尾﨑**　② **尾山**
③ **石浦**　④ **護国**

(79) 1972（昭和47）年に開館した現在の石川県立能楽堂は、かつて（　　　）に建てられていた金沢能楽堂を移転したものである。

① **長町**　② **小立野**
③ **寺町**　④ **広坂**

(80) 加賀万歳は、太夫と才蔵がこっけいな掛け合いを繰り広げ、鳴物には（　　　）を使う。

① **小鼓**　② **小太鼓**
③ **拍子木**　④ **ささら**

(81) 加賀藩は、３代藩主利常から５代藩主綱紀の時代にかけて文化政策に力を注ぎ、茶道（　　　）の祖となる千仙叟宗室（せんのせんそうそうしつ）を京都から迎えるなど、一級の人材を集めた。

① **表千家**　② **裏千家**
③ **武者小路千家**　④ **宗和流**

(82) 毎年秋に開催される「金沢おどり」の舞踊の地方（じかた）では長年（　　　）が演奏されている。

① **清元（きよもと）**　② **奏風楽（そうふうがく）**
③ **常磐津（ときわづ）**　④ **大和楽（やまとがく）**

(83) 金沢の素囃子（すばやし）は「（　　　）のオーケストラ」とも呼ばれている。

① **三曲**　② **箏曲**
③ **和楽器**　④ **地唄**

(84) 城下町金沢を中心に普及した石川の華道の始まりは藩政期にさかのぼり、その主たる担い手は（　　　）であった。

① **草月流**　② **池坊**
③ **古流**　④ **小原流**

(85)「(　　　)」は、「空から謡(うたい)が降ってくる」といわれるほど加賀宝生が盛んな金沢を、歌詞に盛り込んだ歌謡曲である。

① **香林坊ブルース**　② **加賀の女**
③ **金沢望郷歌**　④ **友禅流し**

【6】金沢ゆかりの文学に関する問題です。以下の文章を読んで、かっこ内に入る適切な語句を選びなさい。

(86) 白鳥路にある金沢の三文豪の像のうち、泉鏡花が手にしているのは（　　　）である。

① **本**　② **帽子**
③ **ウサギ**　④ **ネコ**

(87) 泉鏡花、徳田秋声がともに入門した明治時代を代表する作家は（　　　）である。

① **幸田露伴**　② **田山花袋**
③ **尾崎紅葉**　④ **島崎藤村**

(88) 東京で活躍した郷土作家の多くは、東京やその周辺で永遠の眠りについているが、金沢を愛した室生犀星の墓は金沢の（　　　）にある。

① **雨宝院**　② **天徳院**
③ **野田山墓地**　④ **卯辰山墓地**

(89) 徳田秋声の小説「町の踊り場」には、下新町にあった（　　　）が登場する。

① **ダンスホール**　② **芝居小屋**
③ **演芸場**　④ **能舞台**

(90) 浅野川左岸の主計町には、（　　　）「浅の川暮色」の文学碑がある。

① **泉鏡花**　② **村松友視**
③ **嵐山光三郎**　④ **五木寛之**

(91) 西茶屋街の西茶屋資料館には、大正時代のベストセラーで、戦後映画化された（　　　）「地上」の資料が展示されている。

① **島田清次郎**　② **中原中也**
③ **室生犀星**　④ **高橋治**

(92) 1945（昭和 20）年５月、両親と金沢に疎開した（　　　）は、金沢第二高等女学校に転入、翌年３月まで過ごした体験から、初めての長編小説「黎明（れいめい）」を発表した。

① **永瀬清子**　② **曽野綾子**
③ **水芦光子**　④ **髙樹のぶ子**

【７】金沢が生んだ偉人やゆかりの人物に関する問題です。以下の文章を読んで、かっこ内に入る適切な語句を選びなさい。

(93) 今年はタカジアスターゼやアドレナリンを発見した化学者高峰譲吉の（　　　）である。

① **生誕 150 年**　② **生誕 200 年**
③ **没後 100 年**　④ **没後 150 年**

(94) 1850（嘉永３）年に、金沢で加賀藩最初の種痘を行い、北陸における「近代医学の祖」といわれる医師は（　　　）である。

① **高峰精一**　② **大田美農里（みのり）**
③ **津田淳三（じゅんぞう）**　④ **黒川良安（まさやす）**

(95) 1925（大正 14）年に金沢の材木商・平沢嘉太郎が開設したレジャー施設（　　　）は、少女歌劇団のレビューが人気を集めた。

① **粟ヶ崎遊園**

② **金石涛々園**

③ **尾山倶楽部**

④ **金沢ヘルスセンター**

(96) 金石生まれで、大阪商工会議所会頭などを務めた実業家（　　　）は、鈴木大拙（だいせつ）を支援したことでも知られる。

① **木谷吉次郎（きだにきちじろう）**　② **林安繁（やすしげ）**

③ **安宅弥吉（やきち）**　④ **三浦彦太郎**

(97)（　　　）は美食家としても知られ、金沢の文人細野燕台（えんたい）の食客となったのをきっかけに、食と芸術の才能を開花させたといわれる。

① **棟方志功**　② **北大路魯山人**

③ **横山大観**　④ **山下清**

(98) 1934（昭和９）年、日本野鳥の会を設立した金沢出身の（　　　）は白山の鳥類を調査し、出羽町の広坂公園には白山の鳥を詠んだ歌碑もある。

① **藤岡作太郎**　② **中西悟堂（ごどう）**

③ **藤井健次郎**　④ **石川舜台（しゅんたい）**

(99) 金沢の石川県立第一高等女学校、東京女子大学を経て、石川県で女性として初めて帝国大学生になった哲学者である高橋ふみは（　　　）の姪である。

① **鈴木大拙**　② **山本良吉**

③ **藤岡作太郎**　④ **西田幾多郎**

(100) 1964（昭和 39）年の東京オリンピックで日本選手団の団長を務めたのは金沢出身の（　　　）である。

① 大島鎌吉（けんきち）　② 山中毅（つよし）
③ 馬淵（まぶち）良　④ 山崎延吉（のぶきち）

第18回金沢検定試験問題《初級》解答

(1) ④ 磯部
(2) ② 茶道会館の建設
(3) ① 吉川トリコ
(4) ① ぱしふぃっくびいなす
(5) ③ 百万石
(6) ① 寺島拓篤
(7) ③ ＡＲ
(8) ② 金沢職人大学校
(9) ④ おでん
(10) ③ 中央
(11) ④ 中屋サワ
(12) ② 広坂
(13) ③ 加賀
(14) ③ 木曽義仲
(15) ② 金沢城公園
(16) ④ 府中
(17) ① 利久
(18) ② 摩阿姫
(19) ① 芳春院
(20) ② 七日市藩
(21) ④ 大姫
(22) ③ 曹洞宗
(23) ④ 綱紀
(24) ② 尾崎神社
(25) ④ 大火
(26) ③ 保科正之
(27) ④ 吉徳
(28) ③ 慶寧
(29) ④ 兵部省
(30) ① 小松
(31) ① 永井柳太郎
(32) ③ 常盤町
(33) ① 金石
(34) ④ 金沢第二高等女学校・女子師範学校
(35) ① 第７連隊
(36) ② 松平定信
(37) ③ 七稲地蔵
(38) ③ 御殿桜
(39) ④ 島田一郎
(40) ④ 金澤神社
(41) ③ 戸室山
(42) ④ 嫁坂
(43) ② 馬坂
(44) ② 博物館
(45) ② 利長
(46) ② 唐崎松
(47) ④ 金沢南総合運動公園
(48) ③ 末浄水場園地
(49) ② 谷口吉郎
(50) ① 金沢桜丘

(51) ④ 町民文化館
(52) ② 採光窓
(53) ③ 妹島和世
(54) ① 飛梅町
(55) ② 奥村家（宗家）
(56) ③ 打木赤皮甘栗かぼちゃ
(57) ④ めった汁
(58) ② 鉄砲焼き
(59) ④ 繭玉
(60) ① 福徳
(61) ③ ポルトガル
(62) ③ マグロ
(63) ② 具足煮
(64) ④ 牡丹
(65) ③ 七つ橋渡り
(66) ② 碁盤
(67) ② いとしげに
(68) ① ごんぞ
(69) ② 冗談
(70) ① いく
(71) ② 野々村仁清
(72) ② 春日山窯
(73) ④ 納富介次郎
(74) ④ 松田権六
(75) ④ 高光一也
(76) ④ 工芸
(77) ② 和泉
(78) ② 尾山
(79) ④ 広坂
(80) ② 小太鼓
(81) ② 裏千家
(82) ④ 大和楽
(83) ③ 和楽器
(84) ③ 古流
(85) ② 加賀の女
(86) ③ ウサギ
(87) ③ 尾崎紅葉
(88) ③ 野田山墓地
(89) ① ダンスホール
(90) ④ 五木寛之
(91) ① 島田清次郎
(92) ② 曽野綾子
(93) ③ 没後 100 年
(94) ④ 黒川良安
(95) ① 粟ヶ崎遊園
(96) ③ 安宅弥吉
(97) ② 北大路魯山人
(98) ② 中西悟堂
(99) ④ 西田幾多郎
(100) ① 大島鎌吉

第18回
金沢検定試験問題
《中級》

【1】金沢の最近の話題や出来事、まちづくりに関する問題です。以下の文章を読んで、かっこ内に入る適切な語句を選びなさい。

（1）金大文学部卒の作家米澤穂信さん＝岐阜県生まれ＝は、初めて戦国時代を舞台にしたミステリー小説「黒（　　　）城」（ＫＡＤＯＫＡＷＡ）で第166回直木賞を受賞した。

① **楼**　② **牢**
③ **蜩**　④ **籠**

（2）2023年春に新中学校開校とともに校名が消える小将町中の校歌は金沢三文豪の一人、室生犀星が作詞、音楽家（　　　）の作曲で知られ、長町中の愛唱歌として残ることになった。

① **古賀政男**　② **西条八十**
③ **山田耕筰**　④ **古関裕而**

（3）幕末に活躍した金沢ゆかりの発明家・大野弁吉の作とされる緑色の漆で仕上げた獅子頭が見つかった。豪商として名をはせた北前船主の（　　　）家に伝わってきたもので、市内の所有者が寄贈を申し出た。

① **嶋崎**　② **木谷**
③ **木屋**　④ **銭屋**

（4）日本を代表する工業デザイナー柳宗理氏が手がけた1964（昭和 39）年東京五輪の聖火筒やトーチホルダーが、（　　　）を改修して整備する金沢美大柳宗理デザインミュージアム（仮称）で展示されることになった。

① **金沢職人大学校**　② **卯辰山工芸工房**
③ **西町教育研修館**　④ **金沢湯涌創作の森**

（5）県が8月から「百万石の極み」の統一称号で販路拡大を図っている、ブランド農林水産物第1弾の 20 品目に含まれない加賀野菜は（　　　）である。

① **源助だいこん**　② **加賀れんこん**
③ **加賀太きゅうり**　④ **金時草**

（6）市水産物ブランド化推進協議会は、金沢港で水揚げされた海産物のブランド「（　　　）金沢」普及のため、鮮魚店や食品スーパー向けの販売店登録制度を９月から導入した。

① **鮮活**　② **海幸**
③ **鮮幸**　④ **活魚**

（7）郷土が誇る伝統芸能を次代につなぐため、担い手を支援する「石川伝統芸能支援経済人会議」は、金沢商工会議所、金沢経済同友会、一般財団法人（　　　）が連携して設立された。

① **石川県芸術文化協会**　② **石川県芸術文化連盟**
③ **石川県邦楽舞踊協会**　④ **石川県邦楽舞踊連盟**

（8）県が固めた県卯辰山相撲場（金沢市）の改修イメージでは、コンクリート製の観客席を全てベンチ式とし、（　　　）を基調とした色使いで装いを一新する。

① **黄**　② **青**
③ **赤**　④ **茶**

(9) 兼六園内に 1918(大正7)年創業した茶店(ちゃみせ)「(　　　)」が大幅な改修を行い、芸能発表や茶室として使える「お座敷」を備えた、文化観光の拠点の一つとして生まれ変わった。

① **堤亭**　② **見城亭**
③ **兼六亭**　④ **寄観亭**

(10) 来年４月、新中学校「長町中」が開校するのに伴い、その通学区域となるのは馬場小、明成小と(　　　)小の３校下である。

① **中央**　② **兼六**
③ **浅野町**　④ **新神田**

(11) 市が小立野２丁目の金大工学部跡地に移転整備し、来年10月に供用開始となる金沢美大の新キャンパスでは、四角く囲まれた工房棟の真ん中に「創作の(　　　)」がある。

① **森**　② **杜**
③ **庭**　④ **園**

(12) 市は、文化芸術活動に携わる若手作家やアマチュア愛好者、芸術活動に関心を持つ市民ら幅広い人材の相談窓口「(　　　)カウンシル金沢」を金沢芸術創造財団内に開設した。

① **アーツ**　② **カルチャー**
③ **カルチャー＆アーツ**　④ **アーツメイク**

(13) 一時期ブームを巻き起こしたギャグ漫画「がきデカ」の作者で知られる(　　　)さんは小説家に転身し、20数年にわたり東山を拠点に創作に励んでいる。

① **山上たつひこ**　② **土山しげる**
③ **紅玉いづき**　④ **五十嵐浩一**

(14) 来年5月に広島市で開催する先進7カ国首脳会議（G7サミット）に伴う12の閣僚会合の開催地のうち、(　　　)相会合は金沢市と富山市で開かれる。

① 文化　　② 防衛
③ 教育　　④ 財務

(15) 金沢市が制定する第50回泉鏡花文学賞は、東京都生まれでドイツ・(　　　)に在住する大濱普美子さんの「陽だまりの果て」（国書刊行会）に決まった。

① ベルリン　　② フランクフルト
③ ハイデルベルク　　④ ミュンヘン

【2】金沢の歴史に関する問題です。以下の文章を読んで、かっこ内に入る適切な語句を選びなさい。

(16) 市北東部には、3つの尾根に古墳時代前期の古墳15基が分布する（　　　）古墳群があり、鏡や金属器などの出土品が市の有形文化財に指定されている。

① 東長江　　② 御所
③ 小坂　　④ 神谷内

(17) 国指定史跡である上荒屋遺跡は、隣接する白山市横江町中心に広がっていたと考えられている横江庄の一部で、平安時代前期に大和の(　　　)が領有する荘園であった。

① 西大寺　　② 薬師寺
③ 東大寺　　④ 興福寺

(18) 中世における（　　　）荘は、市北西部の海岸部を中心に広がり、宮腰（みやのこし）など有数の港を擁する臨海荘園であった。

① 安江　　② 倉月
③ 小坂　　④ 大野

(19) 加賀の一向一揆で守護の富樫政親が自刃した後、加賀国支配の実権は現在の若松町にあった（　　）など加州三ヶ寺と呼ばれた本願寺の一家衆（いっけしゅう）が掌握した。

① **光徳寺**　② **本泉寺**
③ **光専寺**　④ **仰西寺（ごうさい）**

(20) 国史跡の「加越国境城跡群及び道」は、前田利家方の（　　）と佐々成政方の松根城が、加賀と越中の国境でにらみ合いを続けた地で、城跡群と古道の「小原越」で構成されている。

① **柚木城**　② **切山城**
③ **堅田城**　④ **高尾城**

(21)「加賀百万石」と言われるが、加賀前田家の領地全体の石高が、初めて百万石を超えたのは、（　　）の後であった。

① **末森城の戦い**　② **関ヶ原の戦い**
③ **大坂の陣**　④ **小田原攻め**

(22) 加賀藩祖前田利家の金沢城入城に同行した禅僧大透圭徐（だいとうけいじょ）は功労により、石川門に面した所に屋敷をもらって（　　）を造営、1620年には現在地に移転し長らく藩主の菩提寺として役目を果たした。

① **天徳院**　② **桃雲寺**
③ **大乗寺**　④ **宝円寺**

(23) ２代藩主利長の厚遇を得た高山右近は、慶長年間の金沢でキリスト教布教に努め、利長の重臣であった（　　）と親交を結び、娘を嫡男に嫁がせた。

① **篠原一孝**　② **横山長知**
③ **奥村栄明**　④ **山崎長徳**

(24) 藩主が参勤交代で不在の時、藩臣は金沢城の（　　　）にあった越後屋敷で執務した。

① 三の丸　　② 新丸
③ 籐右衛門丸　　④ 玉泉院丸

(25) 加賀藩の参勤交代ルートで、北国下街道と中山道の合流・分岐点は（　　　）宿の近くにあり、古い道標が残されている。

① 小諸　　② 能生
③ 追分　　④ 深谷

(26)「御造営方日並記（ひなみき）」は、造営奉行（　　　）が執筆した職務日記である。

① 山上善右衛門　　② 高畠厚定
③ 津田政隣（まさちか）　　④ 井上庄右衛門

(27) 金沢町奉行や御算用場奉行などを歴任した（　　　）は、科学の知識や技術をもつ人材を広く集め、金沢の測量や絵図の作成を行った。

① 猪山直之　　② 海保青陵
③ 富田景周（かげちか）　　④ 遠藤高璟（たかのり）

(28) 14代藩主慶寧の娘礼姫（みちひめ）は、1867（慶応3）年に大名家と結納を交わしているが、その相手は（　　　）である。

① 伊達宗城（むねなり）　　② 一橋慶喜
③ 牧野忠恭（ただゆき）　　④ 松平容保（かたもり）

(29) 1864（元治元）年、禁裏守衛総督の任にあった一橋慶喜に会うため、西上していた（　　　）の浪士達は加賀藩に投降した。世に言う天狗党事件である。

① 水戸藩　　② 米沢藩
③ 仙台藩　　④ 会津藩

(30) 1887（明治 20）年に開校した旧制第四高等学校は第５代校長（　　　）の時、「禁酒令」を敷き綱紀粛正にも励み、「質実剛健」の四高精神を確立した。

① **北條義時**　② **伊藤武雄**
③ **柏田盛文**　④ **北條時敬**

(31) 兼六園は文明開化期に、外国人の洋館や教育施設が建てられたが、以下のうち（　　　）は園内には置かれなかった。

① **スロイス館**　② **デッケン館**
③ **勧業博物館**　④ **酔紅館**

(32)（　　　）において、歩兵第７連隊を中心に戦死した石川県人は、出兵した兵士のうち２割に当たる390余人に上った。これら戦没者を慰霊するため兼六園内に建立されたのが明治紀念之標である。

① **戊辰戦争**　② **西南戦争**
③ **琉球処分**　④ **台湾出兵**

(33) 市では 1923（大正 12）年、都市計画法が適用されることになったが、市内で初めての都市計画法による土地区画整理事業が行われたのは（　　　）地区であった。

① **彦三**　② **金沢駅前**
③ **野村**　④ **円光寺**

(34) 金石出身の実業家安宅弥吉は、石川県出身者のための東京寄宿舎（　　　）で３学年年上の鈴木貞太郎（大拙）と出会い、生涯親交を深め援助した。

① **骨清窟**（こっせいくつ）　② **洗心庵**（せんしんあん）
③ **久徴館**（きゅうちょうかん）　④ **三々塾**（さんさんじゅく）

(35) 1943（昭和18）年10月、神宮外苑での出陣学徒壮行会が挙行された。金沢でも同年11月13日、（　　）の校庭に金沢医大（医専）・四高・高等工業・石川師範の入隊生徒が集まり、盛大な出陣学徒壮行会が行われた。

① **第四高等学校**　② **金沢医大**
③ **高等工業**　④ **石川師範**

(36) 終戦から2カ月後の1945（昭和20）年10月、金沢市で現代美術展が開催された。第1回展は、本多町通りの元（　　）を活用。この建物は、のちにアメリカ文化センターとしても利用された。

① **北陸海軍館**　② **北陸陸軍館**
③ **北陸工芸館**　④ **北陸文化館**

(37) 金沢の粟ケ崎遊園は、1951（昭和26）年のオリンピック観光博覧会に活用されたのを最後に処分され、永久に人々の前から姿を消してしまった。この博覧会は（　　）大会を念頭に置いたものだった。

① **ローマ**　② **ヘルシンキ**
③ **ベルリン**　④ **シドニー**

(38) 米軍内灘試射場に対する基地反対闘争の中、接収を説得する当時の国務大臣林屋亀次郎への反発も強まり、1953（昭和28）年4月の参院選では、接収反対野党の（　　）候補との対決となった。

① **井村徳二**　② **桜井兵五郎**
③ **中橋徳五郎**　④ **小倉正恒**

(39) 金沢の（　　）文化は、2016（平成28）年に「いしかわ歴史文化遺産」に選定された。

① **庭園**　② **能楽**
③ **金箔**　④ **和菓子**

(40) わが国最高の栄誉である文化勲章は、地球物理学者の木村栄が「第１号」の一人として受けたが、木村の次には1940（昭和 15）年、金沢ゆかりの（　　　）が受章している。

① **西田幾多郎**　② **藤井健次郎**
③ **谷口吉郎**　④ **松田権六**

【3】金沢の史跡、庭園、地理、寺社、建造物に関する問題です。以下の文章を読んで、かっこ内に入る適切な語句を選びなさい。

(41) 背面に 807（大同 2）年の文字が刻まれ、一時は加賀騒動の中心人物・大槻伝蔵の屋敷に安置されていた地蔵尊は、現在（　　　）に大切に保存されている。

① **片町商店街**　② **新天地商店街**
③ **竪町商店街**　④ **横安江町商店街**

(42) 醒ケ井（さめがい）町は 1869（明治２）年に町名が付けられたが、それまでは（　　　）の下屋敷地だった。

① **前田利貞系前田家**
② **前田土佐守家（直之系）**
③ **前田対馬守家（長種系）**
④ **村井家**

(43) 金沢城を取り巻く惣構（そうがまえ）のうち、全長 28㎞の西外惣構には香林坊、長町を経て東別院裏あたりまで（　　　）が流れ込んでいる。

① **大野庄用水**　② **木曳川**
③ **鞍月用水**　④ **辰巳用水**

(44) 金沢城をはじめ、諸国の城の石垣を作る専門技術者を穴太（穴生・穴納）と呼んだ。彼らの発祥の地は（　　　）の穴太の里である。

① **肥後熊本**　② **近江坂本**
③ **伊賀上野**　④ **駿河久能山**

(45) 寺町１丁目の辻家庭園は、近年結婚披露宴などに利用されているが、庭園には寺町台地崖地の地形を巧みに生かし、５㍍を超える滝がある。明治期に「北陸の鉱山王」と称された横山家が、京都の庭師小川治兵衛に造らせたとされ、滝石組みの材料には（　　　）が使われた。

① **戸室石**　② **富士山の溶岩**
③ **坪野石**　④ **滝石**

(46) 西田家庭園（玉泉園）の主庭にある茶室「灑雪亭（さいせつ）」は（　　　）が命名したとされる。

① **松平定信**　② **室鳩巣**
③ **木下順庵**　④ **新井白蛾**

(47) 藩政時代の前田家の御殿空間を今に伝える、重要文化財の成巽閣の敷地には、国指定名勝となっている（　　　）がある。

① **蓮池庭**　② **玉泉園**
③ **飛鶴庭**　④ **与楽園**

(48) 本多町にあり、藩政期に坂の下に寺があったことが、名前の由来とされているのは（　　　）坂である。

① **御経**　② **大乗寺**
③ **本願寺**　④ **御参詣**

(49) 国指定重要文化財・大乗寺仏殿や高岡市の国宝・瑞龍寺仏殿に共通する柱や窓、組物や装飾に特徴がある建築様式を（　　　）と呼ぶ。

① **和様**　② **折衷様**
③ **禅宗様**　④ **天竺様**

(50) 「三尖塔校舎（さんせんとう）」の愛称で呼ばれた旧石川県第二中学校本館は、（　　　）の設計により1899（明治32）年に建てられたもので、2017（平成29）年に国の重要文化財に指定された。

① **津田吉之助**　② **田辺満一**
③ **矢橋賢吉**　④ **山口孝吉**

(51) 長町にある聖霊病院聖堂は、1931（昭和6）年にスイス人建築家マックス・ヒンデルの設計で建てられた木造の教会建築で、外観は（　　　）風にしている。

① **ロマネスク**　② **ゴシック**
③ **ルネサンス**　④ **バロック**

(52) 2008（平成20）年に竣工した「いしかわ総合スポーツセンター」の設計者は、能美市九谷焼美術館「浅蔵五十吉記念館」も手掛けた建築家（　　　）である。

① **池原義郎**　② **富田玲子**
③ **磯崎新**　④ **隈研吾**

(53) 石川県内で最も高い高層ビルはポルテ金沢（高さ130.5メートル、30階建て）であるが、2番目に高い高層ビルは（　　　）である。

① **北國新聞会館**
② **石川県庁行政庁舎**
③ **リファーレ金沢オフィス棟**
④ **ANA クラウンプラザホテル金沢**

(54) 金沢城公園にある、石川門、河北門、橋爪門、鼠多門のうち、枡形門の形式でないのは（　　　）である。

① 石川門　② 河北門
③ 橋爪門　④ 鼠多門

(55) 金澤町家の一階庇の先に吊り下げた板を（　　　）と呼び、キムシコや障子を雨から守る役割があった。

① ツルシ　② サガリ
③ オロシ　④ カエシ

【4】金沢の食文化、習わし、金沢ことばに関する問題です。以下の文章を読んで、かっこ内に入る適切な語句を選びなさい。

(56) 金沢の結婚式では、宴会の最初に小さな紅白の餅が入った、すまし仕立ての汁椀を「（　　　）の餅」として出す風習がある。

① ころころ　② 子宝
③ 落ち着き　④ めでたさ

(57)「金沢そだち」と呼ばれている農産物の（　　　）は、8月上旬から10月下旬に崎浦地区・鞍月地区・河北潟などで収穫される。

① イチジク　② スイカ
③ ダイコン　④ ナシ

(58) 前田家の料理頭を務めた舟木安信の料理書には、七夕の藩主の膳に（　　　）が上ったことが記されている。

① そうめん　② ところてん
③ 葛きり　④ 冷麦

(59) 金沢のお重に詰めるおせち料理は、一の重は祝い肴、二の重は口取り、三の重は煮物で、与の重は別名（　　　）といわれる。

① **なます重**　② **きんとん重**
③ **えびす**　④ **おこぶた**

(60) 加賀野菜の金時草の栽培に関係する人物は（　　　）である。

① **本岡三千治**　② **中田龍次郎**
③ **松本佐一郎**　④ **米林利雄**

(61) 正月や祭りなど祝い料理の伝統的な一品である「べろべろ」の起源は、江戸時代の料理書「江戸料理通」や「料理百珍」に登場する（　　　）にあると言われる。

① **玉子寒天**　② **醤油寒天**
③ **えびす**　④ **はやべし**

(62) 金沢で「ハレの日」に用意される五色生菓子は、加賀藩の御用菓子屋の（　　　）が創作したと伝えられる。

① **舟木安信**　② **久徳尚則**
③ **樫田吉蔵**　④ **道願屋彦兵衛**

(63) 寺町の諏訪神社では、初秋に「三光(さんこ)さん」という（　　　）の月を拝む月待ち神事が営まれる。

① **二十六夜**　② **二十三夜**
③ **十五夜**　④ **十三夜**

(64) 金沢の地名発祥にまつわる芋掘藤五郎は沢で芋を洗っていた時、砂金を見つけ長者になった。その金でつくったとされる寺は（　　　）である。

① **法華宗実成(じつじょう)寺**　② **真宗大谷派正覚寺**
③ **真言宗永久寺**　④ **高野山真言宗伏見寺**

(65) 犀川のほとりに立つ犀星詩碑の形は、金沢出身の文化勲章受章者・谷口吉郎氏が少年の頃の風習（　　　）を思い出し設計した。

① **飾り雛（びな）**　② **流し雛**
③ **守り雛**　④ **雛（ひな）祭り**

(66) 東山の日蓮宗真成（しんじょう）寺に奉納される産着（うぶぎ）には、（　　　）という魔除けの刺しゅうや押し絵などの紋が付けられている。

① **児守（こも）り**　② **身守（みも）り**
③ **着守（きも）り**　④ **背守（せも）り**

(67) 丑（うし）の刻に、防火と無病息災を願って（　　　）に架かる８つの橋を渡る習わしを「鬼川の八つ橋巡り」と言う。

① **鞍月用水**　② **辰巳用水**
③ **大野庄用水**　④ **長坂用水**

(68) 東京では「めんこ」と呼ばれた、昭和の男子児童の遊びは金沢ことばで（　　　）といった。

① **ぱんす**　② **めんち**
③ **ぱった**　④ **ぺった**

(69) 金沢ことばで「いかなことかて」は「（　　　）」という意味である。

① **いくら何でも**　② **何が何でも**
③ **どんなにか**　④ **何といっても**

(70) 「やちやちーと」は金沢ことばで「（　　　）」という意味である。

① **ゆっくり**　② **粘り強く**
③ **せかせか**　④ **しつこく**

【5】金沢の美術工芸、芸能に関する問題です。以下の文章を読んで、かっこ内に入る適切な語句を選びなさい。

(71) 加賀藩お抱え絵師である佐々木泉景の次男（　　　）の画風は確かな筆致と穏やかな色彩に特徴があり、幕末から明治にかけて活躍した。

① **泉玄**　② **泉山**
③ **泉龍**　④ **泉石**

(72) 幕末を代表するわが国の南画家の一人である浦上玉堂（ぎょくどう）は、1808（文化5）年秋、金沢の（　　　）を訪ね交流した。

① **中浜龍淵（りゅうえん）**　② **渋谷松堂（しょうどう）**
③ **岡田楊斎（ようさい）**　④ **寺島蔵人（くらんど）**

(73) 1915（大正4）年、細野燕台は後に北大路魯山人と称する福田（　　　）を金沢に招いた。

① **観山**　② **大観**
③ **春草**　④ **栖鳳**

(74) 金沢出身の陶芸家である初代諏訪蘇山（そざん）は、旧加賀藩士であり、1917（大正6）年、現在の人間国宝に相当する（　　　）に任命された。

① **帝室技術員**　② **帝室技芸員**
③ **帝国芸術員**　④ **帝国技芸員**

(75) 金沢の金箔は、日本の生産量の99%を占めるといわれるが、江戸時代には金箔製造が幕府の管理下に置かれた時期もあり、幕末期には町人の（　　　）が幕府の公認を求めて活動した。

① **能登屋左助**　② **小瀬甫庵**
③ **塚谷竹軒**　④ **林光家**

(76)「加賀友禅」という呼称は、史料では18世紀後半に初出が確認されている。一般的に使われたのは大正時代以降とされ、以前は、色絵染、上絵、加賀染、あるいは（　　）などと呼ばれていた。

① **金城染**　② **御国染**
③ **加州染**　④ **賀陽染**

(77) 3代藩主利常の正室珠姫が崇敬した（　　）では、1618（元和4）年から町人による神事能が行われた。

① **大野湊神社**　② **尾山神社**
③ **観音院**　④ **尾崎神社**

(78) 13代藩主斉泰は幕末における能楽隆盛の功労者である。1852（嘉永5）年、宝生流独自の曲（　　）を作った。

① **西王母**　② **鉢木**
③ **来殿**　④ **安宅**

(79) 狂言は猿楽本来の笑いを主とする演技である。金沢では、加賀藩主（　　）の頃から和泉流狂言方の野村万蔵が町役者として御用を務め活躍した。

① **10代重教**　② **11代治脩**
③ **12代斉広**　④ **13代斉泰**

(80) 6代藩主吉徳の時代より、加賀藩の謡初めとして正月に「（　　）」が行われた。

① **加賀万歳**　② **お伽囃子**
③ **お梅囃子**　④ **お松囃子**

(81) 金沢能楽美術館には、徳川将軍家から加賀藩 13 代藩主斉泰に嫁いだ溶姫が、里帰りの土産として斉泰に贈った（　　　）が所蔵されている。

①　**能面**　　②　**面箱**

③　**能装束**　　④　**小鼓**

(82) 金春流の加賀藩能太夫（　　　）は、京住みのまま御手役者として召し抱えられ、藩主が宝生流に改流した後も年頭や御用の時に金沢や江戸藩邸に出仕した。

①　**竹田権兵衛**　　②　**佐野吉之助**

③　**諸橋権之進**　　④　**野村蘭作**

(83) 金沢おどりのフィナーレ・総おどりの振り付けを担当したのは（　　　）である。

①　**若柳宗樹**　　②　**藤間勘十郎**

③　**西川右近**　　④　**寿柳貴彦**

(84) 金沢素囃子は指揮者がいないが、主に首席の（　　　）奏者の掛け声に合わせて演奏する。

①　**三味線**　　②　**太鼓**

③　**小鼓**　　④　**大鼓**（おおかわ）

(85) 金沢ではかつて、華道の大きな発表の場として東西両別院の「お花（　　　）」があった。

①　**ささげ**　　②　**ぞろえ**

③　**披露**　　④　**三昧**

【6】金沢ゆかりの文学に関する問題です。以下の文章を読んで、かっこ内に入る適切な語句を選びなさい。

(86) 徳田秋声の「籠の小鳥」は、尾小屋鉱山の所長だった秋声の次兄（　　　）に取材した作品である。

① 正田順太郎　② 勝本清一郎
③ 徳田雲平　④ 徳田一穂

(87) 室生犀星の小説には、金沢を舞台に描いたものが多いが、「(　　　)」は金沢が舞台となってはいない。

① 幼年時代　② 性に眼覚める頃
③ 或る少女の死まで　④ 告ぐるうた

(88) 泉鏡花文学賞の第１回選考委員のうち、石川県内に住んでいたのは、(　　　）であった。

① 五木寛之　② 森山啓
③ 井上靖　④ 三浦哲郎

(89) 卯辰山の真言宗宝泉寺には、(　　　）が住むという五本松があり、泉鏡花も同名の短編「五本松」を発表している。

① カラス　② 天狗
③ 蝙蝠（こうもり）　④ 魔物

(90) 1917（大正６）年９月、竹久夢二は12歳年下の恋人笠井彦乃と次男不二彦とともに、湯涌を訪れ、歌集「(　　　)」に収録された「湯涌なる山ふところの小春日に眼閉ぢ死なむときみのいふなり」などの歌を詠んだ。

① さすらひ　② 山へよする
③ 清明　④ 春のことぶれ

(91) 村松友視は、1997（平成９）年「(　　　)」で、第25回泉鏡花文学賞を受賞し、現在は同賞選考委員を務めているほか、「金沢おどり」の総踊り曲「金沢風雅」の作詞でも知られている。

① **夕陽炎々**　② **闇笛**
③ **浅野川**　④ **鎌倉のおばさん**

(92) 石川四高記念文化交流館前にある井上靖文学碑には、「高等学校の学生の頃、日本海の砂丘の上で、ひとりマントに身を包み、仰向けに横たわって、星の流れるのを見たことがある」にはじまる散文詩「(　　　)」が刻まれている。

① **氷壁**　② **闘牛**
③ **北の海**　④ **流星**

【7】金沢が生んだ偉人やゆかりの人物に関する問題です。以下の文章を読んで、かっこ内に入る適切な語句を選びなさい。

(93) 金石出身の実業家･安宅弥吉から支援を受けた（　　　）は、東京の寄宿舎で学生時代を過ごした間柄でもある。

① **桐生悠々**　② **高峰譲吉**
③ **藤岡作太郎**　④ **鈴木大拙**

(94) 寺町５丁目にある（　　　）は高峰家の菩提寺で、高峰譲吉の父精一の墓がある。

① **浄土宗極楽寺**　② **真言宗伏見寺**
③ **曹洞宗松月寺**　④ **臨済宗國泰寺**

(95) 第四高等中学校の第 1 期卒業生で、卒業証書第 1 号となったのは（　　　）である。

① **藤岡作太郎**　② **木村栄**
③ **井上友一**　④ **西田幾多郎**

(96) これまで 15 人に金沢市の名誉市民の称号が贈られているが、最も新しく称号が贈られたのは（　　　）である。

① **山出保**　② **安田隆明**
③ **谷口吉生**　④ **大場松魚**

(97) 戦後初の公選金沢市長として当選したのは（　　　）である。

① **井村重雄**　② **土井登**
③ **徳田與吉郎**　④ **岡良一**

(98) IM 泉効計（せんこうけい）など放射能検知器を日本で最初に開発し、理化学研究所の草創期から主要研究員であった金沢出身の化学者は（　　　）である。

① **桜井錠二**　② **藤井健次郎**
③ **飯盛里安**　④ **中谷宇吉郎**

(99)「篆草合体（てんそうがったい）の自由奔放」といわれる書風を確立したのは金沢出身の書家（　　　）である。

① **日下部鳴鶴**（くさかべめいかく）　② **巌谷一六**
③ **北方心泉**　④ **細野燕台**（えんたい）

(100) 大日本帝国海軍の巡洋艦「秋津洲」は金沢出身の（　　　）が設計し、1894（明治 27）年に完成した。

① **桜井省三**　② **小幡文三郎**
③ **佐雙左仲**　④ **土師外次郎**

第18回金沢検定試験問題《中級》解答

(1) ② 牢
(2) ③ 山田耕筰
(3) ① 嶋崎
(4) ③ 西町教育研修館
(5) ④ 金時草
(6) ② 海幸
(7) ① 石川県芸術文化協会
(8) ② 青
(9) ③ 兼六亭
(10) ① 中央
(11) ③ 庭
(12) ① アーツ
(13) ① 山上たつひこ
(14) ③ 教育
(15) ② フランクフルト
(16) ④ 神谷内
(17) ③ 東大寺
(18) ④ 大野
(19) ② 本泉寺
(20) ② 切山城
(21) ② 関ヶ原の戦い
(22) ④ 宝円寺
(23) ② 横山長知
(24) ② 新丸
(25) ③ 追分
(26) ② 高畠厚定
(27) ④ 遠藤高璟
(28) ④ 松平容保
(29) ① 水戸藩
(30) ④ 北條時敬
(31) ① スロイス館
(32) ② 西南戦争
(33) ① 彦三
(34) ③ 久徴館
(35) ① 第四高等学校
(36) ① 北陸海軍館
(37) ② ヘルシンキ
(38) ① 井村徳二
(39) ③ 金箔
(40) ① 西田幾多郎
(41) ② 新天地商店街
(42) ② 前田土佐守家（直之系）
(43) ③ 鞍月用水
(44) ② 近江坂本
(45) ② 富士山の溶岩
(46) ③ 木下順庵
(47) ③ 飛鶴庭
(48) ② 大乗寺
(49) ③ 禅宗様
(50) ④ 山口孝吉

(51) ① ロマネスク
(52) ① 池原義郎
(53) ② 石川県庁行政庁舎
(54) ④ 鼠多門
(55) ② サガリ
(56) ③ 落ち着き
(57) ④ ナシ
(58) ③ 葛きり
(59) ① なます重
(60) ② 中田龍次郎
(61) ① 玉子寒天
(62) ③ 樫田吉蔵
(63) ① 二十六夜
(64) ④ 高野山真言宗伏見寺
(65) ② 流し雛
(66) ④ 背守り
(67) ③ 大野庄用水
(68) ④ ぺった
(69) ① いくら何でも
(70) ③ せかせか
(71) ③ 泉龍
(72) ④ 寺島蔵人
(73) ② 大観
(74) ② 帝室技芸員
(75) ① 能登屋左助

(76) ② 御国染
(77) ③ 観音院
(78) ③ 来殿
(79) ① 10代重教
(80) ④ お松囃子
(81) ③ 能装束
(82) ① 竹田権兵衛
(83) ③ 西川右近
(84) ① 三味線
(85) ② ぞろえ
(86) ① 正田順太郎
(87) ③ 或る少女の死まで
(88) ② 森山啓
(89) ② 天狗
(90) ② 山へよする
(91) ④ 鎌倉のおばさん
(92) ④ 流星
(93) ④ 鈴木大拙
(94) ④ 臨済宗國泰寺
(95) ② 木村栄
(96) ③ 谷口吉生
(97) ① 井村重雄
(98) ③ 飯盛里安
(99) ③ 北方心泉
(100) ③ 佐雙左仲

第18回
金沢検定試験問題
《上級》

【1】金沢の最近の話題や出来事、まちづくりに関する問題です。以下の文章を読んで、かっこ内に入る適切な語句を選びなさい。

（1）鼓門や兼六園など金沢を舞台にした小説「金沢古妖具屋くらがり堂」シリーズの作者は（　　　）である。

① **宮部みゆき**　　② **峰守ひろかず**
③ **あかほりさとる**　　④ **アマサワトキオ**

（2）創作活動を通じて金沢の魅力を国内外に発信する「金沢創作アンバサダー」第1号にフランス出身の（　　　）シャーロット・スザンヌ・トゥルネさんが選ばれた。

① **書道家**　　② **画家**
③ **写真家**　　④ **工芸家**

（3）県工業試験場は、兼六園の（　　　）の花びらから採取した酵母を使ったビールを開発し、県内の醸造所と連携し、量産化に向けた研究を進めている。

① **キクザクラ**　　② **ミヤマザクラ**
③ **ヤエザクラ**　　④ **アサヒザクラ**

（4）プチプチとした食感から「森のキャビア」とも呼ばれる珍しい果物「フィンガーライム」の生産が（　　　）の約5千坪のビニールハウスで進められている。

① **舘町**　　② **末町**
③ **大桑町**　　④ **大額町**

（5）２月に県立音楽堂コンサートホールで開かれた「和洋の響～能舞とオーケストラ」でオーケストラ・アンサンブル金沢の広上淳一アーティスティック・リーダーは、オーケストラと能舞、箏が融合した新作「（　　　）」でタクトを振った。

①　**歓喜乃涙**　　②　**随喜乃涙**
③　**典雅の極**　　④　**哀歓の極**

（6）せせらぎ通りを舞台に石川高専と地元商店街が協働で続けてきた定期市「せせらぎ（　　　）」の取り組みが、日本建築学会北陸支部の2020年度北陸建築文化賞を受賞した。

①　**マーケット**　　②　**オークション**
③　**マルシェ**　　④　**マルカード**

（7）国立工芸館顧問に就いた、宮田亮平前文化庁長官が就任インタビューで述べた「金沢は『文化の三輪車』の先進地」との表現で、三つの車輪とは文化芸術、（　　　）、観光を指す。

①　**政治**　　②　**経済**
③　**科学**　　④　**芸能**

（8）金沢城の二の丸御殿復元に向けた調査により、表玄関の梁上の欄間は、霊獣をモチーフにした「波に（　　　）」というテーマで彫刻が施されていることが確認された。

①　**虎**　　②　**鯱**
③　**犀**　　④　**鯨**

(９) 1968（昭和 43）年に設置され、市で半世紀余り管理していた歩道橋「(　　　) 横断歩道橋」が撤去され、利用してきた住民は名残を惜しんだ。

① **城南**　② **城北**

③ **泉野**　④ **神谷内**

(10) ＪＲ西金沢駅の南に位置し、北陸鉄道石川線によって分断されている押野、(　　　) 両校下の往来の不便を解消するため、北鉄線をまたぎ高架橋が整備され、早ければ 2026 年度にも完成することになった。

① **米泉**　② **保古**

③ **増泉**　④ **横川**

(11) 高校生を対象にした市の次世代起業家育成事業「(　　　) カナザワU－18」が金沢未来のまち創造館で開かれ、参加者は理想のビジネス像などを思い描いた。

① **フューチャー**　② **ネクスト**

③ **ゼロワン**　④ **ゼロイチ**

(12) 市は、工芸作家の作品をインターネット上で閲覧できる市デジタル工芸展で、工芸品を使った（　　　）の写真展開催に乗り出した。

① **日常**　② **ハレの日**

③ **茶の間**　④ **食卓**

(13) 市教委は、地域住民が生徒の部活動を指導する制度を（　　　）中学校の文科系部活で試験導入した。

① **野田**　② **城南**

③ **小将町**　④ **泉**

(14) 市が7月から始めた、予約に応じて乗り合いタクシーを試験運行する「デマンド交通」の対象でないのは（　　　）である。

①　**湖南**　　②　**森本**

③　**医王山**　　④　**夕日寺**

(15) 8月29日、金沢港上空に打ち上げられた花火で彩られた、白亜の金沢港クルーズターミナルの愛称は「ひゃくまんごく（　　　）」である。

①　**ベイホワイト**　　②　**マリンテラス**

③　**マリーナ・ステージ**　　④　**シーパラダイス**

【2】金沢の歴史に関する問題です。以下の文章を読んで、かっこ内に入る適切な語句を選びなさい。

(16) 金沢市の弥生時代を代表する西念・南新保遺跡からは豊富な木製品が出土している。中でも（　　　）は当地の有力者のために作られた特注品と考えられている。

①　**花弁高杯**　　②　**刳りもの桶**

③　**籃胎漆器**　　④　**木製塔婆**

(17) 金沢の海岸部には、古代の港と思われる遺跡が多く見つかっており、古くから対外交流の窓口であった。特に、（　　　）からは港を管理する役所を意味する「津司」と墨書きされた土器が出土している。

①　**戸水C遺跡**　　②　**上荒屋遺跡**

③　**金石本町遺跡**　　④　**畝田・寺中遺跡**

(18) 三小牛ハバ遺跡は、標高 150 m前後の山の斜面に営まれた奈良・平安時代の山寺で、平安初期に編纂された「日本霊異記」に加賀郡の山中で修行する（　　）の活動と重なる点が注目されている。

① **小野朝臣庭麿**　② **沙弥古麻呂**
③ **寂林法師**　④ **景戒**

(19) 日本へ初めて来着した渤海使節を送り届けた日本側使節の（　　）一行は、730（天平 2）年に帰国し、加賀郡が食事を提供している。

① **引田虫麻呂**　② **大伴犬養**
③ **小野田守**　④ **高麗大山**

(20) 上荒屋遺跡は、隣接する白山市横江町周辺に広がっていた国指定史跡・横江庄遺跡における管理事務所の 1 つとみられ、（　　）と墨書きされた土器が大量に出土した。

① **伯庄**　② **石田庄**
③ **東庄**　④ **大伴庄**

(21) 平安時代の歴史書「日本三代実録」によると、885（仁和元）年、（　　）に住む加賀権掾大神高名の妻道今古がその貞節ぶりを国により表彰されている。

① **玉戈郷**　② **大桑郷**
③ **大野郷**　④ **田上郷**

(22) 1235（嘉禎元）年、33 年に一度建替えられる白山本宮の費用を一律に課したが、負担しなかった大野荘の荘官らを困らせるため、翌年に白山の神人らは家の前へ（　　）を振り捨てた。

① **神像**　② **神輿**
③ **神具**　④ **幣帛**

(23) 南北朝の争いは北陸にも波及し、南朝方の越中の桃井氏は加賀へ侵攻して北朝方の富樫氏を攻めたが、救援に駆け付けた能登守護の吉見氏に攻められて最後には（　　　）も落城し、越中へ退却した。

① **一乗寺城**　② **松根城**
③ **切山城**　④ **堅田城**

(24) 室町時代に浄土真宗は本願寺派と高田派の対立が激化し、加賀の守護家も巻き込み本願寺派は兄の富樫（　　　）と、高田派は弟の幸千代と結び争ったが、本願寺派が勝利した。

① **満春**　② **教家**
③ **泰高**　④ **政親**

(25) 金沢郊外米泉の慶覚坊は 1491（延徳 3）年頃、北加賀の有力坊主であったが、江戸時代になると金沢城下の（　　　）に移転し、真宗門徒の信仰を集めた。

① **百姓町**　② **古寺町**
③ **後町**　④ **鍛冶町**

(26) 曹洞宗の名刹大乗寺は 14 代虎室春策のとき、野々市から金沢の（　　　）に移転したという。

① **古寺町付近**　② **兼六園付近**
③ **木の新保**　④ **本多町**

(27) 慶長期に利長・利常政権の重臣として財務などを担当した（　　　）の経歴をたどると、本能寺の変のわずか2カ月前に明智家に仕官し、光秀による本能寺と二条御殿襲撃に参加していたという。

① **篠原一孝**　② **岡嶋一吉**
③ **寺西宗与**　④ **山崎長徳**

(28) 本能寺の変の真相解明をめぐって話題となった「乙夜の書物」という著作は、金沢市立玉川図書館に所蔵される聞書史料である。著者は前田家に仕えていた兵学者（　　）で、1669（寛文9）～71（同11）年に執筆されたものである。

① **有沢永貞**　② **有沢武貞**
③ **関屋政春**　④ **小瀬甫庵**

(29) 豊臣秀吉とともに肥前名護屋城に詰めた前田利家の屋敷は1593（文禄2）年5月に来日した明国の使者（　　）の宿舎に利用されたといわれ、庭園遺構などが確認されている。

① **金如鉄**　② **王伯子**
③ **朱舜水**　④ **徐一貫**

(30) 加賀藩では、藩祖前田利家の頃から、17世紀中期まで（　　）など領国独自の銀貨が作られ流通していた。寛文年間に江戸幕府の貨幣制度に統一された。

① **極印銀**　② **丁銀**
③ **南鐐二朱銀**　④ **明和五匁銀**

(31) 3代藩主利常の娘、富姫は1642（寛永19）年、（　　）に輿入れし、夫とともに力を合わせ、衰微していた桂離宮の再興に努めたが、完成した庭を披露する直前に病死した。

① **良尚法親王**　② **誠仁親王**
③ **智仁親王**　④ **智忠親王**

(32) 4代藩主光高は、幕府老中らを招いた席で急死したが、その江戸屋敷とは（　　）であった。

① **駒込邸**　② **板橋邸**
③ **本郷邸**　④ **辰口邸**

(33) 現在の犀川ダム上流の山地で慶長年間、(　　　)が開かれ、元和・寛永の頃には、多くの金銀の産出があり鉱山町が形成され繁栄した。5代藩主綱紀時代には衰微したという。

① 戸室金山　　② 亀谷金山
③ 月ケ原金山　　④ 倉谷金山

(34) 加賀藩は1840（天保11）年、（　　　）を与えるため試験を実施した。藩によるこのような免許試験は、当時として画期的であった。

① 産婆開業免許　　② 医師開業免許
③ 刀剣鑑定免許　　④ 茶道教授免許

(35) 幕末維新期、加賀藩の京都詰めとして、藩の方針を新政府支持に転換させる上で大きな働きをしたのは、(　　　)である。

① 奥村栄通　　② 本多政均
③ 前田孝錫　　④ 津田正邦

(36) 舎密学に通じ蘭方医でもあった高峰元稑は、銭屋五兵衛の孫娘（　　　）のカリエスの治療に当たったことでも知られる。

① 伊予　　② たき
③ まさ　　④ 千賀

(37) 日本電力初代社長として黒部の電源開発に貢献したのは金沢生まれの（　　　）である。

① 山岡順太郎　　② 密田孝吉
③ 井口存屋　　④ 三浦彦太郎

(38) 金沢の箔職人（　　　）は、1842（天保13）年から、繰り返し藩に金箔生産許可を求め、幕末に金箔の細工場設置にこぎつけ、明治以後の金沢金箔の基盤を築いた。

① **宮竹屋純蔵**　② **越野左助**
③ **福久屋伝六**　④ **武村弥吉**

(39) 小説家の島田清次郎が、誘拐・監禁を企てたとして訴えられた事件で、石川県出身の海軍少将の娘で、島田のファンだったとされる女学校生徒の名前は（　　　）である。

① **舟木芳江**　② **三谷邦子**
③ **川端秀子**　④ **小山初代**

(40) 1941（昭和16）年4月6日、琵琶湖で四高ボート部琵琶湖遭難事故が発生した。犠牲となった四高生らを悼む「琵琶湖哀歌」が（　　　）と小笠原美津子によってレコード化されると、そのヒットと相まって全国的に知れ渡った。

① **東海林太郎**　② **藤山一郎**
③ **岡晴夫**　④ **霧島昇**

【3】金沢の史跡、庭園、地理、寺社、建造物に関する問題です。以下の文章を読んで、かっこ内に入る適切な語句を選びなさい。

(41) 正月行事の左義長を金沢で最初に行ったとされる神社は（　　　）である。

① **宇多須神社**　② **小坂神社**
③ **神明宮**　④ **久保市乙剣宮**

(42) 国指定名勝・成巽閣の庭園のうち、(　　　) はクロマツ、クマザサ、紅梅のいわゆる「松竹梅」が植えられ、めでたい「吉祥の庭」となっている。

① **飛鶴庭**　② **つくしの縁庭園**
③ **万年青の縁庭園**　④ **林鐘庭**

(43) 金沢城公園玉泉院丸庭園の休憩所は、屋根が (　　　) の数寄屋造りである。

① **茅葺き**　② **杮葺き**
③ **檜皮葺き**　④ **銅板葺き**

(44) 兼六園の瓢池で、夕顔亭露地から中島 (亀島) に架かる「日暮らしの橋」は、青戸室石の板石を使った石橋で、その表面は美しい (　　　) 模様という幾何学的な模様である。

① **亀甲**　② **網代**
③ **矢来**　④ **四半**

(45) 市は歴史的風情を残す「こまちなみ」を保存するため条例をつくり、2000 (平成 12) 年 6 月、「旧彦三一番丁・(　　　) 区域」をその保存区域に指定した。

① **母衣町**　② **尾張町**
③ **主計町**　④ **上新町**

(46) 犀川上菊橋の上流右岸で取水している (　　　) は、開業当時に全国第二の規模を誇った金沢製糸場の原動力として利用されていたほか、その後も撚糸・機業・精錬業など近代工業に不可欠な存在だった。

① **辰巳用水**　② **大野庄用水**
③ **鞍月用水**　④ **寺津用水**

(47) 大野湊神社の本殿は三社からなる。このうち規模が最も小さい一間社は（　　　）とされる。

① **神明社本殿**　② **八幡社本殿**
③ **佐那武社本殿**　④ **東照社**

(48) 二階建ての門で、一階に屋根を付けるものを二重門、付けないものを楼門と呼ぶ。市内にある文化財建造物の門のうち、楼門は（　　　）である。

① **天徳院山門**　② **大乗寺山門**
③ **全性寺山門**　④ **本泉寺山門**

(49) 長町にある市老舗記念館は、南町にあった薬種商・中屋の主屋を移築改修したものであるが、同家にあって明治天皇が宿泊された行在所と表門、土蔵は（　　　）に移築されている。

① **金沢城公園**　② **奥卯辰山健民公園**
③ **金沢湯涌江戸村**　④ **金沢湯涌創作の森**

(50) 市内にある以下の赤れんがの建物のうち、最も古い建物は 1891（明治 24）年に建てられた（　　　）である。

① **旧金沢紡績工場（市民芸術村）**
② **第四高等中学校本館（石川四高記念文化交流館）**
③ **旧金澤陸軍兵器支廠（県立歴史博物館）**
④ **金沢煙草製造所（市立玉川図書館近世史料館）**

(51) 建築家（　　　）は、大同生命金沢支店や桜木幼稚園の旧牧師館などの建築を手掛けたが、市内で現存するのは幸町にある川上幼稚園園舎のみである。

① **W.M. ヴォーリズ**　② **F.L. ライト**
③ **A. レーモンド**　④ **J. コンドル**

(52) 旧県庁舎本館（県政記念しいのき迎賓館）と、博物館明治村（愛知県）に移築された帝国ホテル中央玄関棟に共通する建築の特徴は（　　　）である。

① **フランク・ロイド・ライトの設計**
② **1923（大正 12）年の竣工**
③ **スクラッチタイルの使用**
④ **煉瓦造**

(53) 民家や武家屋敷など計 10 棟の文化財建造物を展示公開している金沢湯涌江戸村の中で、もともとの所在地が県外から移築された建物は（　　　）である。

① **旧松下家住宅**　② **旧平尾家住宅**
③ **旧平家住宅**　④ **石倉家住宅**

(54) 金沢城を取り囲む惣構のうち、主計町の緑水苑の池に流れ込むものは（　　　）である。

① **東内惣構**　② **東外惣構**
③ **西内惣構**　④ **西外惣構**

(55) ひがし茶屋街にある重要文化財「志摩」の建物は、藩政期には、当初「（　　　）」で、幕末期に「尾張屋」、明治中期には「白尾屋」と名称を変えている。

① **加賀屋**　② **能登屋**
③ **越中屋**　④ **越前屋**

【4】金沢の食文化、習わし、金沢ことばに関する問題です。以下の文章を読んで、かっこ内に入る適切な語句を選びなさい。

(56) リンゴ栽培で最盛期の昭和 30 年代に栽培面積が県全体の約 1 割を占め、生産農家が 123 人を数えた（　　）地区はその後、宅地開発が急速に進むなどして、生産農家は姿を消したとされている。

① **大桑**　② **額**
③ **四十万**　④ **涌波**

(57) 和菓子の流し物や練り物に欠かせない寒天は、テングサやエゴノリなどの（　　）類を凍結・乾燥させたものである。

① **緑藻**　② **紅藻**
③ **褐藻**　④ **藍藻類**

(58) 加賀野菜の一つに「たけのこ」がある。タケノコのえぐみ成分は（　　）やホモゲンチジン酸である。（　　）はカルシウムと結合するとえぐみが感じにくくなる上に結石化を妨げるので、カルシウムを含むわかめや昆布と一緒に料理するとよい。

① **リン酸**　② **アミノ酸**
③ **シュウ酸**　④ **イノシン酸**

(59) （　　）に伝承されている餅つき踊りは秋祭りに隔年ごとに行われる。藩祖利家が金沢城に入った際、住民が餅をついて献上し、祝ったのが始まりとされる。

① **尾山神社**　② **神明宮**
③ **石浦神社**　④ **上野八幡神社**

(60) 加賀藩の料理人である舟木安信は、年頭規式で藩主の前で「鯉包丁」、「(　　　)包丁」といった箸と包丁でいろいろな形に切り分け、まな板に並べる料理の型を披露した。

① 鯛　　② ぶり
③ 鶴　　④ 鴨

(61) 金沢の婚礼風習には、驚くような習わしがあった。玄関先で「合わせ水」を終えた新郎新婦が、家の中に入り、表戸が閉められた途端に見物の人たちがとった行動は、「戸をめがけて（　　　）を投げつけた」である。

① 馬糞　　② 小石
③ 米袋　　④ 餅

(62) 1871（明治4）年、断髪令が出され世の中が大騒ぎになった折、金沢で最初にザンギリ頭にしたのが、博学多才の学者として知られた（　　　）である。

① 大屋愷敆　　② 吉本次郎兵衛
③ 黒川良安　　④ 長谷川準也

(63) 雛人形には丸顔と長顔の二つの系統があり、丸顔系の雛人形は室町雛より始まり宝暦（1751 ～ 1854 年）の頃、（　　　）としてひとつの完成をみた。

① 寛永雛　　② 次郎左衛門雛
③ 太郎左衛門雛　　④ 宝暦雛

(64) 1902（明治35）年6月、能役者や鼓師の住まいが集中している下新町に、新しく芝居小屋（　　　）が開場し、舞台開きが行われた。

① 稲荷座　　② 尾山座
③ 弁天座　　④ 落語座

(65) 泉鏡花は「寸情風土記」で、祭りの時、子どもが貰う僅かな小遣いを（　　　）と云う、と書いている。

① **寸情銭**　② **饅頭銭**
③ **祝儀銭**　④ **飴買銭**

(66)「じったらしい」という金沢ことばは（　　　）を意味する。

① **じれったい**　② **生半可な**
③ **生意気な**　④ **待ち遠しい**

(67) 昭和の昔、縁日で買ってきた金魚に与えるための、側溝に生息するイトミミズは金沢で（　　　）と呼んだ。

① **ちょろ**　② **ちゃこ**
③ **だも**　④ **じみ**

(68) やんちゃな子どもが相手を徹底的にやりこめることを金沢ことばで「（　　　）にする」と言った。

① **だがだが**　② **ぐだぐだ**
③ **ちゃごちゃご**　④ **ばっちゃばちゃ**

(69) 金沢の魚屋が仕出し料理を入れて運んだ箱を（　　　）という。

① **ハンギリ**　② **ハコビ**
③ **イレコ**　④ **タジ**

(70)「氷室饅頭」は、明治時代中頃に金沢・下松原町の新保屋が売り出したのが史料上は最初とされ、加賀藩主の食膳にのぼった白亀型の（　　　）が創案のヒントになったといわれる。

① **酒まんじゅう**　② **麦まんじゅう**
③ **麦長まんじゅう**　④ **麩まんじゅう**

【5】金沢の美術工芸、芸能に関する問題です。以下の文章を読んで、かっこ内に入る適切な語句を選びなさい。

(71) 1786（天明6）年、加賀藩主（　　　）の逝去にともない、その肖像画を描いたのは、金沢の狩野派の絵師6代梅田九栄である。

① **8代重煕**　② **9代重靖**
③ **10代重教**　④ **11代治脩**

(72) 江戸の狩野派の表絵師である狩野（　　　）は、金沢で亡くなった。

① **友益（祐益）**　② **墨川**
③ **宗益**　④ **伯円**

(73) 白銀師、いわゆる彫金師を業とした金沢の（　　　）は、「加賀宗珉（そうみん）」と称されるほど熟達した腕を持ち、維新後は銅器会社の職工副棟取として活躍した。

① **8代水野源六**　② **鈴木嘉平**
③ **泉清次**　④ **初代山川孝次**

(74) 加賀毛針の本体とテグスの接合部分は、昆虫の目に似せた小さな球状になっており、そこには（　　　）が施されている。

① **銀箔**　② **金箔**
③ **ビーズ**　④ **漆**

(75) 現在の日展の前身である帝展に初めて工芸部門が設けられたのは1927（昭和2）年の第8回展だったが、この時、金沢の工芸家の2人、陶芸の塚本暁舟と漆芸の（　　　）が入選を果たした。

① **大場松魚**　② **小松芳光**
③ **二木抱成**　④ **大垣昌訓**

(76) 藩政時代、大樋焼のほかにも、「加賀楽焼」と称する陶器制作が行われ、医師だった（　　　）、小原伊平、原呉山らが茶陶などの佳品を焼いた。

① **武田民山**　② **本多貞吉**
③ **横萩一光**　④ **山本與興**

(77) 金沢出身の陶芸家（　　　）は旧加賀藩士で、1917（大正6）年に帝室技芸員に任命された。

① **諏訪蘇山**　② **阿部碧海**
③ **安達陶仙**　④ **石野竜山**

(78) 5代藩主綱紀は無類の能好きであったが、初めに（　　　）を習い、その後将軍徳川綱吉の影響で宝生流の舞と謡を習った。

① **太鼓**　② **小鼓**
③ **大鼓**　④ **笛**

(79) 能と狂言を合わせて「能楽」と称することを著したのは13代藩主斉泰の「（　　　）」である。

① **楽々記**　② **能楽記**
③ **歌舞音曲記**　④ **能狂言記**

(80) 初代佐野吉之助が最後に演じた能の演目は（　　　）である。

① **石橋**　② **松風**
③ **俊寛**　④ **安宅**

(81) 13代藩主斉泰は能の舞や謡が（　　　）の予防と治療に役立つと執筆した。本の名は申楽免廃論である。

① **痛風**　② **胃腸病**
③ **脚気**　④ **中風**

(82) 泉鏡花の小説にちなんだ長唄の曲名は（　　　）である。

① **天守物語**　② **高野聖**
③ **化鳥**　④ **瀧の白糸**

(83) 1932（昭和７）年に改築された金沢能楽堂の鏡板は２代目佐野吉之助の友人（　　　）の筆によるものである。

① **久隅守景**　② **佐々木泉景**
③ **玉井敬泉**　④ **梅田九栄**

(84) 金沢おどりで披露されるお座敷太鼓で、茶屋街によって打つリズムが大きく異なる演目は（　　　）である。

① **竹に雀**　② **八丁目**
③ **四丁目**　④ **さわぎ**

(85) 江戸時代中期に創流した古流は、廃藩置県を経て 1878（明治 11）年、家元の名跡が東京から金沢に移り、後継者断念を余儀なくされた関本理恩が、加賀の門人である近藤（　　　）に家元を託した。

① **理遊**　② **理徳**
③ **理清**　④ **理樹**

【６】金沢ゆかりの文学に関する問題です。以下の文章を読んで、かっこ内に入る適切な語句を選びなさい。

(86) 泉鏡花が、祖母きての実家を継いだ又従妹・目細てるをモデルにした作品の一つに「（　　　）」がある。

① **乱菊**　② **蓑谷**
③ **大和心**　④ **ささ蟹**

(87)「うつくしき川はながれたり」にはじまる室生犀星「犀川」は、「(　　　)」に続く第二詩集「抒情小曲集」第一部収録で、目次には「わがそだちしほとりの」という注記がある。

① **忘春詩集**　② **青き魚を釣る人**
③ **寂しき都会**　④ **愛の詩集**

(88) 三島由紀夫の「美しい星」で、自分が金星人であると信じる暁子は、兼六園の霞ヶ池で、(　　　)を見た時、初めての訪問にもかかわらず、「あら、私たしかに一度ここへ来たことがあるんだわ」と同行する青年に語る。

① **唐崎の松**　② **蓬莱島**
③ **数羽の白鳥**　④ **内橋亭**

(89) 森山啓「(　　　)」は、1690(元禄3)年、困窮した加賀藩士高崎半九郎らが金沢城下で禁制の出会い茶屋を経営して処罰された加賀遊女事件(高崎事件)に取材した作品である。

① **北窓ひらく**　② **野菊の露**
③ **谷間の女たち**　④ **青い靴**

(90) 島田清次郎「地上」で主人公(　　　)が母と暮らす春風楼のモデルになっているのは、作者の祖父が経営していた吉米楼で、現在は西茶屋資料館になっている。

① **片口安吉**　② **大河平一郎**
③ **森口　守**　④ **平山平四郎**

(91)「二月の雪は暖かい」で始まる唯川恵「雪おんな」は、短編集「(　　　)」に収録されている。

① **肩ごしの恋人**　② **夜明け前に会いたい**
③ **めまい**　④ **病む月**

(92) 金沢市の（　　　）には、市が建てた「雪あたたかくとけにけり／しとしとしとと融けゆけり」に始まる室生犀星「ふるさと」（『抒情小曲集』）の詩碑がある。

① **海月寺**　② **浅野神社**
③ **神保緑地**　④ **医王山小中学校**

【7】金沢が生んだ偉人やゆかりの人物に関する問題です。以下の文章を読んで、かっこ内に入る適切な語句を選びなさい。

(93) 金沢市出身の（　　　）はハブ毒の血清療法を確立したほか、北里柴三郎とともに感染症の予防に尽力、北里の死後、北里研究所所長、日本医師会会長も務めた。

① **北島多一**　② **桂田富士郎**
③ **石川日出鶴丸**　④ **高安右人**

(94) 粟崎出身で木屋藤右衛門の一族である木谷吉次郎は、若い頃（　　　）で財を築き、晩年はその私財を育英事業に投じた。

① **東京**　② **横浜**
③ **大阪**　④ **神戸**

(95) 1897（明治30）年、夏目漱石は熊本の第五高等学校の創立記念日に教員代表として祝辞を述べたが、この祝辞は五高で同僚だった金沢出身の（　　　）との合作であったといわれている。

① **桜井房記**　② **友田鎮**
③ **黒本植**　④ **長谷川貞一郎**

(96)（　　　）の標柱はＺ項を発見し、第１回文化勲章を受章した木村栄の揮毫である。

① **地黄八幡神社**　② **国造神社**
③ **泉野桜木神社**　④ **神明宮**

(97) 1922（大正 11）年当時、日本海側唯一の夜間中学校であった金沢高等予備学校を設立、さらに金沢女子学院（現・金沢龍谷高校）を設立した（　　　）は勤労青年や女子教育に情熱を注いだ。

① **赤松連城**　② **赤井米吉**
③ **荒崎良道**　④ **石原堅正**

(98)「加賀の三太郎」と称される鈴木大拙、西田幾多郎、藤岡作太郎らを教えたことでも知られる北條時敬が最初に校長となったのは（　　　）である。

① **愛媛県尋常中学校**　② **山口高等中学校**
③ **第四高等学校**　④ **第五高等学校**

(99) 高峰譲吉は農商務省に勤務していたときアメリカで開催された（　　　）万博の担当者として渡米したが、この時後に妻となるキャロラインと出会った。

① **セントルイス**　② **サンフランシスコ**
③ **フィラデルフィア**　④ **ニューオリンズ**

(100) 津田米次郎の発明した津田式力織機を最初に導入したのは金沢商工会議所会頭なども務めた（　　　）である。

① **円中孫平**　② **水登勇太郎**
③ **直山与二**　④ **竹内明太郎**

第18回金沢検定試験問題《上級》解答

(1) ② 峰守ひろかず
(2) ① 書道家
(3) ③ ヤエザクラ
(4) ④ 大額町
(5) ② 随喜乃涙
(6) ③ マルシェ
(7) ② 経済
(8) ③ 扉
(9) ③ 泉野
(10) ① 米泉
(11) ④ ゼロイチ
(12) ④ 食卓
(13) ① 野田
(14) ② 森本
(15) ② マリンテラス
(16) ① 花弁高杯
(17) ④ 畝田・寺中遺跡
(18) ① 小野朝臣庭麿
(19) ① 引田虫麻呂
(20) ③ 東庄
(21) ③ 大野郷
(22) ② 神輿
(23) ② 松根城
(24) ④ 政親
(25) ① 百姓町
(26) ③ 木の新保
(27) ④ 山崎長徳
(28) ③ 関屋政春
(29) ④ 徐一貫
(30) ① 極印銀
(31) ④ 智忠親王
(32) ④ 辰口邸
(33) ④ 倉谷金山
(34) ② 医師開業免許
(35) ③ 前田孝錫
(36) ④ 千賀
(37) ① 山岡順太郎
(38) ② 越野左助
(39) ① 舟木芳江
(40) ① 東海林太郎
(41) ③ 神明宮
(42) ② つくしの縁庭園
(43) ② 柿葺き
(44) ④ 四半
(45) ① 母衣町
(46) ③ 鞍月用水
(47) ② 八幡社本殿
(48) ③ 全性寺山門
(49) ④ 金沢湯涌創作の森
(50) ② 第四高等中学校本館（石川四高記念文化交流館）

(51) ① W.M.ヴォーリズ
(52) ③ スクラッチタイルの使用
(53) ④ 石倉家住宅
(54) ③ 西内惣構
(55) ③ 越中屋
(56) ② 額
(57) ② 紅藻
(58) ③ シュウ酸
(59) ④ 上野八幡神社
(60) ③ 鶴
(61) ② 小石
(62) ① 大屋愷敆
(63) ② 次郎左衛門雛
(64) ③ 弁天座
(65) ④ 飴買銭
(66) ③ 生意気な
(67) ④ じみ
(68) ③ ちゃごちゃご
(69) ④ タジ
(70) ③ 麦長まんじゅう
(71) ③ 10代重教
(72) ③ 宗益
(73) ④ 初代山川孝次
(74) ② 金箔
(75) ② 小松芳光

(76) ④ 山本與興
(77) ① 諏訪蘇山
(78) ② 小鼓
(79) ② 能楽記
(80) ② 松風
(81) ③ 脚気
(82) ② 高野聖
(83) ③ 玉井敬泉
(84) ③ 四丁目
(85) ③ 理清
(86) ④ ささ蟹
(87) ④ 愛の詩集
(88) ③ 数羽の白鳥
(89) ② 野菊の露
(90) ② 大河平一郎
(91) ④ 病む月
(92) ③ 神保緑地
(93) ① 北島多一
(94) ④ 神戸
(95) ③ 黒本植
(96) ③ 泉野桜木神社
(97) ④ 石原堅正
(98) ② 山口高等中学校
(99) ④ ニューオリンズ
(100) ② 水登勇太郎

おすすめ参考図書

金沢検定 予想問題集 2022

北國新聞社出版局編

「最近の話題」から「ゆかりの人物」まで11ジャンルにわたり、「過去問」を精査し、予想問題340を厳選した。冒頭の「本書を活用する前に」は勉強のコツを説いている。

変形四六判・255ページ・定価：1,320円（税込）

金沢検定 '22 受験参考書

北國新聞社出版局編

第１回からの「過去問」を参考に、「加賀藩主とその家族たち」から始まり、「美術工芸」「文学」「偉人」など11章にわたって金沢に関する実戦知識を集約している。

四六判・371ページ・定価：1,760円（税込）

木の文化都市づくり　四百年都市金澤のＳＤＧｓ

北國新聞社出版局編

金沢市が進める施策の「木の文化都市・金沢」に合わせ、非戦災都市金沢の町家を始め新木造のビルやマンションなどの今を検証し、未来のあるべき姿を展望した。

A5判・200ページ・定価：1,980円（税込）

これが加賀百万石回遊ルート

北國新聞社出版局編

金沢城鼠多門・橋が2020（令和２）年完成したのに合わせ、郷土史研究家の横山方子さんと孫の大学生知波綾さんが「加賀百万石回遊ルート」を歩き、魅力を探る。

A5判、188ページ・定価：1,500円（税込）

【増補改訂版】かなざわ旧町名復活物語

北國新聞社出版局編

2011（平成23）年の主計町を皮切りに始まった旧町名の復活。令和に復活した金石地区の11町も含めた25町と、21年秋復活した2町も加えた27町の今昔を検証する。

四六判・322ページ・定価：1,650円（税込）

都市格を磨く　金沢、まちづくりへの思い

山出 保著

元市長の山出保氏が、金沢は世界に通ずる「都市格」を持っており、令和の時代に合わせ自らの能力と資質を高め磨けば、日本のモデルになるとの持論を展開する。

四六判、296ページ・定価：1,760円（税込）

いしかわの清流文化

北國新聞社出版局編

金沢の犀川、浅野川など、石川を流れる河川と「せせらぎ文化」を多角度から掘り下げた。士魂を磨いたとされる鮎釣りの今昔から金沢の三文豪の「清流礼讃」まで多彩に。

Ａ５判・208ページ・定価：1,650円（税込）

鷹峯を越え 百万石文化 創成の群像

横山方子著

本阿弥光悦が京都・鷹峯の地に開いた芸術文化の一大拠点と、文化の大藩となった加賀藩・前田家とのつながりなどを、石川や京都に残る史跡や資料から丁寧にひもといた。

A5判・191ページ・定価：1,650円（税込）

いしかわ 建築の博物館

水野一郎監修

伝統的な街並みや寺社、ユニークな外観の現代建築など、石川県内の建造物を余すことなく紹介した。県内８カ所にある重要伝統的建造物群保存地区（重伝建）もめぐる。

A5判・202ページ・定価：1,650円（税込）

【愛蔵版】ふるさときらめき館

北國新聞社編

石川と富山両県にある国指定と県指定の文化財860件を取り上げ、写真や図を添えて分かりやすく解説している。コラムも充実している。

A4判・920ページ・定価：22,000円（税込）

【愛蔵版】ふるさと人物伝

北國新聞社編

ふるさとの歴史を刻んだ人物を紹介する豪華図鑑。石川、富山にゆかりの人物565人を、古代・中世、近世、近代、現代の4つに区分し、まとめた。

A4判・778ページ・定価：22,000円（税込）

【愛蔵版】石川・富山　ふるさと食紀行

北國新聞社編

石川、富山ゆかりの著名人や地元文化人ら128人の食のエッセーと、伝統料理や特産物、加工品、B級グルメのほか、風習についてビジュアルに解説している。

A4判・676ページ・定価：22,000円（税込）

【愛蔵版】暮らしの歳時記 石川編・富山編

北國新聞社編

石川、富山県の年中行事や風習、神事、祭事などに光を当てた。婚礼や葬儀、和菓子、魚などの特集記事やコラムもあり、郷土の文化を掘り下げている。

A4 判・石川編 380 ページ、富山編 368 ページ・定価：22,000 円（税込）

よみがえる金沢城１・２　金沢城研究調査所編

金沢御堂の時代から現在まで、城郭の移り変わりをイラストや古絵図などを多用して再現する、金沢城史の決定版。

A4 判・〈1〉定価：2,200 円（税込）・〈2〉定価：1,885 円（税込）

図説 前田利家

図説前田利家編纂委員会編

加賀百万石の藩祖・前田利家の実像を、丹念に調べられた研究成果を基に、豊富な図版・史料とともに紹介する。

B5 判・152 ページ・定価：2,200 円（税込）

図説 金沢の歴史　金沢市発行・北國新聞社制作

金沢の歴史を原始・古代、中世、近世、近現代に区分し、81 項目を解説する。まち歩きに便利な「金沢歴史散歩地図」も掲載している。

A4 判・184 ページ・定価：2,619 円（税込）

兼六園　石川県金沢城・兼六園管理事務所監修

兼六園の観賞ポイントや作庭の特長、歴史を詳説したガイドブック。園内を８のエリアに分けて、地図やカラー写真とともに解説。四季折々の花なども紹介した。

四六判・180 ページ・定価：1,430 円（税込）

石碑でめぐる金沢歴史散歩　三田良信監修

泉鏡花、徳田秋声の文学碑や金沢の地名の由来が記された金城霊沢（きんじょうれいたく）碑、歴史上の人物の業績を刻んだ碑など、金沢市内の石碑 66 基を写真、地図入りで解説している。

A5 判・210 ページ・定価：1,650 円（税込）

新 頑張りまっし金沢ことば

加藤和夫監修

北國新聞の人気連載をまとめた旧版をリニューアル。〝金沢弁〟をめぐる最近の動きや、ミニ情報のコラムを加えた。

B6 判・296 ページ・定価：1,047 円（税込）

もっと知りたい 金沢ふるさと偉人館 －96 人の偉人たち－

金沢ふるさと偉人館 編集発行

鈴木大拙、西田幾多郎、高峰譲吉、八田與一ら金沢出身、あるいは金沢ゆかりの偉人 96 人を分野別に取り上げ、イラスト、写真、説明文でわかりやすく紹介している。

A4判、64ページ・定価:500円(税込)。同館でのみ販売

青木悦子の新じわもん王國 金澤料理 青木悦子著

料理研究家の著者が、50 年にわたって研究した金沢の郷土食をまとめた。かぶらずしをはじめ、加賀野菜の特色を生かした料理約 200 点を収録。

B5 判・152 ページ・定価：2,095 円（税込）

金沢・加賀・能登 四季のふるさと料理 青木悦子著

金沢をはじめとする石川の守り伝えたい食約 150 点を紹介した。レシピとともに、おいしい食を育む知恵と心が詰まっている。

B5 判・232 ページ・定価：3,080 円（税込）

【復刻版】金沢の風習

井上雪著

年中行事や仏事、祭り、伝統食などの 50 話を通じて季節感あふれる金沢の生活を伝えている。昭和 50 年ごろの暮らしの風景が心温まる内容。

四六判・256 ページ・定価：1,361 円（税込）

北陸 近代文学の舞台を旅して

金沢学院大学文学部日本文学科編

金沢学院大学文学部日本文学科の教授、准教授が執筆し、明治から戦後までの小説や詩、短歌に焦点を当てた。21 作家の 28 作品を取り上げている。

A5 判・208 ページ・定価：1,760 円（税込）

主な参考文献

◇「金沢検定予想問題集」各版（時鐘舎）◇「よく分かる金沢検定受験参考書」各版（時鐘舎）◇『愛蔵版　暮らしの歳時記　石川編・富山編』（北國新聞社）◇『愛蔵版　ふるさときらめき館　石川・富山の文化財』（北國新聞社）◇『愛蔵版　ふるさと人物伝』（北國新聞社）◇『石川県大百科事典改訂版　書府太郎（上・下）』（北國新聞社）『デジタル書府太郎　石川県大百科事典』（北國新聞社）◇『石川百年史』（石川県公民館連合会）◇『石川県の歴史』（山川出版社）◇『実録石川県史』（能登印刷出版部）◇『石川県社会運動史』（能登印刷出版部）◇『金沢市史（通史編３近代）』（金沢市）◇『科学技術の19 世紀展図録』（石川県立歴史博物館）◇『時代に挑んだ科学者たち—19 世紀加賀藩の技術文化—』（北國新聞社）◇『永井柳太郎』（勁草書房）◇『近代日本のリベラリズム—河合栄次郎と永井柳太郎—』（文理閣）◇『浅野川年代記』（十月社）◇『卯辰山と浅野川』（平澤一著）◇『津田式織機発明者津田米次郎』（塚田凡堂著）◇『資料第四高等学校学生運動史』（総合図書）◇『サカロジー—金沢の坂』（時鐘舎）◇『加賀・能登の禅寺を訪ねて』（曹洞宗石川県宗務所）◇『四季のふるさと料理』（北國新聞社）◇『おもしろ金沢学』（北國新聞社）◇『兼六園』（北國新聞社）◇『まるごと金沢』（北國新聞社）◇『徳田秋聲全集　別巻』（八木書店）◇『新 頑張りまっし金沢ことば』（北國新聞社）◇「北國新聞」連載「マジやばっ方言学」「マチかど方言学」◇『日本方言大辞典（全３巻）』（小学館）◇「もっと知りたい　金沢ふるさと偉人館—92 人の偉人たち—」（公益財団法人　金沢文化振興財団、金沢ふるさと偉人館）

（順不同）

◇石川県、金沢市、金沢茶室総合案内、金沢市観光協会、金沢能楽美術館、各寺社などのウェブサイト

その他、各種全集・事典、新聞記事など

金沢検定予想問題集2023

2023年4月28日　第1版第1刷

発行所　時鐘舎

発　売　北國新聞社

〒920-8588　金沢市南町2-1
TEL 076-260-3587（出版局）
FAX 076-260-3423
E-mail　syuppan@hokkoku.co.jp

協　力　一般社団法人 金沢経済同友会

ISBN 978-4-8330-2284-2

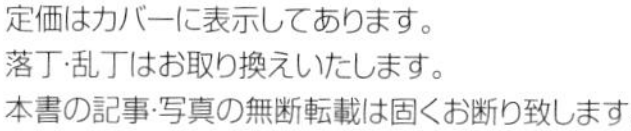